Manfred Spitzer
Norbert Herschkowitz

WIE KINDER DENKEN LERNEN

Bibliografische Information der Deutschen Nationalbibliothek
Die Deutsche Nationalbibliothek verzeichnet diese Publikation in der Deutschen Nationalbibliografie.
Detaillierte bibliografische Daten sind im Internet über https://dnb.de abrufbar.

Für Fragen und Anregungen
info@m-vg.de

7. Auflage 2025

Türkenstraße 89
80799 München
Tel.: 089 651285-0
Fax: 089 652096

Dieser Titel erschien erstmals 2010 als Hörbuch beim Galila Verlag unter dem Titel *Wie Kinder denken lernen*.

Redaktion: Regina Carstensen
Umschlaggestaltung: Manuela Amode
Umschlagabbildung und Innenteil: shutterstock.com/lassedesignen
Satz: Müjde Puzziferri, MP Medien, München
Druck: GGP Media GmbH, Pößneck
Printed in Germany

ISBN Print 978-3-7474-0002-9
ISBN E-Book (PDF) 978-3-96121-321-4
ISBN E-Book (EPUB, Mobi) 978-3-96121-322-1

Wir produzieren nachhaltig
www.m-vg.de

Weitere Informationen zum Verlag finden Sie unter
www.mvg-verlag.de
Beachten Sie auch unsere weiteren Verlage unter
www.m-vg.de

Manfred Spitzer
Norbert Herschkowitz

WIE KINDER DENKEN LERNEN

Die kognitive Entwicklung vom 1. bis 12. Lebensjahr

mvgverlag

INHALT

WIE BABYS LERNEN – DAS ERSTE JAHR

DAS BABY KOMMT ZUR WELT – DIE ERSTEN DREI MONATE

Wenn Babys geboren werden, sind sie scheinbar völlig unfähig und eigentlich nur passive Wesen. Sie schreien, wenn sie Hunger haben, sie lassen das Ergebnis ihrer Verdauungsbemühungen unter sich und haben gerne Wärme und Geborgenheit. Doch ansonsten ist mit Babys nicht viel los. Man wickelt sie ein und lässt sie liegen. Diese Sicht der Dinge, die gab es tatsächlich einmal. Heute wissen wir: Nichts ist falscher als das. Babys sind wie Schwämme, die sich vollsaugen. Sie saugen nicht nur an der Mutterbrust, nein, sie saugen auch an der Welt. Und sie saugen die Welt in sich auf. Ganz aktiv. Die Säuglingsforschung der letzten 20 bis 30 Jahre hat sehr viel dazu beitragen können, dass wir heute besser verstehen, was genau bei Babys passiert. Wie sie lernen. Wie das Lernen in Phasen erfolgt. Warum es in Phasen erfolgt. Wie sich Gehirnentwicklung, Gehirnreifung und Lernen gegenseitig stützen und einander bedingen. Und wir haben verstanden, zumindest ein Stück weit, was Babys eigentlich tun. Sie lernen, und wie das genau passiert, erkläre ich in den folgenden Kapiteln.

Ich bin immer wieder fasziniert, was Babys im ersten Jahr bereits alles können und was sie in dieser Zeit noch lernen. Sie kommen in eine Welt hinein, die neu für sie ist, die sie so nicht erlebt haben während der neun Monate, in denen sie im Bauch ihrer Mutter heranwuchsen. All diese neuen Töne, Farben, Gerüche. Wenn ich zum Beispiel in meine Hände klatsche, dann wird es die ersten drei, vier Male zusammenzucken. Das nächste Mal dann aber nicht mehr. Es hat also gelernt: Das ist keine Gefahr für mich, es bedroht mich nicht. Und es hat gelernt, dass es nicht mehr zusammenzuzucken braucht. Der Grund dafür ist, dass das Baby ein Kurzzeitgedächtnis hat, es weiß: Ich habe das jetzt schon viermal erlebt – und nichts ist passiert. Wir nennen das in der Fachsprache Habituation.

Habituation, das heißt eigentlich nichts anderes als Gewöhnung. Und Gewöhnung ist eine ganz einfache Form von Lernen. Ich muss ja was wissen, wenn ich mich an etwas gewöhne, und offensichtlich habe ich das behalten, woran ich mich gewöhnt habe. Betrachten wir als Beispiel einmal das Riechen. Wussten Sie, dass Babys im Mutterleib schon riechen? Das ist Tatsache, doch wie hat man das herausgefunden? Herausgefunden hat man dieses durch ein Experiment, das man nur im Elsass machen konnte (wegen der Gewürze) und das vor wenigen Jahren in einer Fachzeitschrift publiziert wurde. Es ging dabei um das Riechen, genauer gesagt um das Riechen und Schmecken von Anis. Anisgeschmack ist sehr durchdringend und besonders charakteristisch.

Der Punkt ist nun, dass dieser Anisgeschmack in sämtliche Körperflüssigkeiten eindringt, also auch in die Flüssigkeit, die sogenannte Amnionflüssigkeit, in der das kleine Baby im Mutterleib badet. Nimmt nun eine Mutter zwei Wochen vor der Geburt Aniskekse, Anissaft, Anissirup und Anis in jeder erdenklichen Form in größeren Mengen zu sich, führt das dazu, dass das Ungeborene im Mutterleib quasi in Anis badet. Nach der Geburt hat man dann den Kindern dieser Mütter, den Neugeborenen, einen Wattebausch entweder mit einem geruchlosen Paraffinöl oder mit Anisöl vor die Nase gehalten. Und bei denjenigen, die das Anisöl schon kannten, jedenfalls seinen Geruch, bei denen gingen die Mundwinkel nach oben. Die haben also »gelacht«. Denjenigen, denen das Anis noch fremd war und die das Gewürz zum ersten Mal gerochen haben, bei denen gingen die Mundwinkel nach unten. Bei diesem offensichtlichen Mundwinkelrauf und Mundwinkelrunter könnte man natürlich sagen: »Na ja, der Experimentator hat auch ein bisschen gelacht und deswegen haben die Babys nur auf ihn reagiert.« So war das aber nicht. Man hat nämlich die Kleinen per Video aufgenommen und die Mundwinkel exakt vermessen. Außerdem wurde bei diesem Versuch noch eine Kontrollbedingung eingehalten: Die Personen, die die Messungen vornahmen, haben das Anis zum einem nicht gerochen (es gab für sie einen Wattebausch, der mit Paraffinöl getränkt war), und zum anderen wussten sie bei ihrer Auswertung nicht, ob das Baby im Mutterleib schon Anis gerochen hatte oder erst nach der Geburt.

Tatsächlich konnte man mit dieser Untersuchung ein für alle Mal und absolut sicher zeigen, dass Babys im Mutterleib Anis riechen können und dass sie nur wenige Stunden nach der Geburt – sie waren übrigens die jüngsten Versuchspersonen, die jemals an einem psychologischen Experiment teilnahmen – beim erneuten Kontakt von Anis sich an das Gewürz erinnern können. Und dadurch zu lächeln anfangen. Die Neugeborenen, die es nicht kannten, fanden es eigenartig und ängstigten sich eher oder bekamen dadurch schlechte Laune. Natürlich riechen die Babys im Mutterleib nicht all das, was die Mutter auch schon riecht. Aber an ein paar wenige Düfte können sie sich nach der Geburt durchaus erinnern. Sie haben sie im Mutterleib gelernt. So können sie sich etwa an den Geruch der Mutter erinnern. Und wenn Babys von der Mutter auf den Arm genommen werden, dann ist das nicht nur schön warm und weich, nein, es riecht auch, salopp ausgedrückt, die letzten neun Monate. Und das finden Babys toll und schlafen deswegen besser ein.

Das vorprogrammierte Gesichtsschema

Was ich auch immer wieder beobachte: Neugeborene Kinder schauen mit einem gewissen Interesse Gesichter an. Und blicken mehr ein Gesicht als etwas anderes an. Das ist nicht unerhört, das ist etwas ganz Besonderes: Ein Kind kommt auf die Welt und in seinem Gehirn ist schon das Schema eines Gesichts »programmiert«. Also zwei Kreise für die Augen. Ein Vertikalstrich für die Nase. Ein Horizontalstrich für den Mund. Und auf dieses Schema spricht es an. Denn wenn man die zwei Kreise und die Linien umstellt, schaut das Baby es sich nicht an. Es braucht also dieses Gesichtsschema. Das zeigt, dass ein Kind mit vielen Möglichkeiten auf die Welt kommt. Es ist quasi lernbereit. Es hat für vieles eine gewisse Aufmerksamkeit. Es schaut sich um, es reagiert. Das sind alles wichtige Voraussetzungen für das Lernen.

Babys müssen Gesichter erkennen, denn Gesichter gehören zu dem Wichtigsten, was sie sehen. Das Sehen ist vor der Geburt praktisch noch gar nicht entwickelt. Ein Ungeborenes sieht wahrscheinlich ein paar Lichtscheine im Mutterleib, aber erst mit der Geburt geht es so richtig los. Für erwachsene Menschen ist der Sehsinn der wichtigste Sinn, aber für Babys fängt mit der Geburt das Sehen erst so richtig an. Die Welt ist ja unglaublich bunt und bewegt. Da passiert viel. Und genau das muss das Baby alles erst einmal mitbekommen.

Wir Erwachsene können uns gar nicht mehr richtig vorstellen, was es heißt, ohne Seherfahrungen die Welt zu betrachten. Wenn wir uns umschauen, also Seherfahrungen machen, heißt das nicht, dass da irgendwelche Lichtpunkte auf dem Augenhintergrund sind, mithin irgendwelche Pixel in unsere Augen hineinfallen, die dann im Einzelnen vom Gehirn verarbeitet werden. Nein, es geht viel rascher. Die Pixel gelangen unmittelbar ins Gehirn, und weil es schon so viel gesehen hat, kann es in Windeseile einschätzen, was es da vor sich hat. Einen Stuhl, einen Tisch, einen anderen Menschen, Tiere. Wir wissen heute, dass das ganz schnell geht und dass das nur deswegen so schnell gehen kann, weil wir schon so viel wahrgenommen haben. Sonst wäre es unmöglich, sich visuell derart rasch in der Welt zurechtzufinden. Weil das so ist, muss das Baby am Anfang aber erst einmal unglaublich viel gucken. Und das, was es sich da anschaut, eben auch merken. Das heißt, es wird ganz viel lernen. Und zwar nicht unbedingt Dinge, bei denen wir denken, dass man das lernen muss.

Gut, meinetwegen, es gibt Hunde und Katzen. Und es gibt Objekte, die nicht wieder verschwinden, sondern kontinuierlich vorhanden sind. Und diese Objekte sind vielleicht widerständig. Wenn man an ihnen fühlt, haben sie bestimmte Tasteigenschaften, die aber wiederum mit den Seheigenschaften etwas zu tun haben. Raue Sachen sehen anders aus und fühlen sich anders an als spiegelglatte Gegenstände. Und nasse Dinge sind wieder anders als trockene Dinge. Und so gibt es unglaublich viel zu lernen, wie all die Gegenstände um einen herum aussehen. Und wie gesagt, das Wichtigste sind die Gesichter. Denn mit anderen Leuten hat ein Baby dauernd zu tun. Und aus diesem Grund kann es tatsächlich schon bei der Geburt Gesichter erkennen. Es hat sozusagen eine Art Gesichter-Erkennungsmodul. Es hat keine Gesichter gespeichert, aber es reagiert sozusagen auf »Punkt, Punkt, Komma, Strich«. Und das ist natürlich schön, denn es fängt jetzt an, alles, was wie »Punkt, Punkt, Komma, Strich« aussieht, besonders gut zu lernen. Und dafür, wenn man so will, ein eigenes Stück Gehirn bereitzustellen, das spätere Gesichter-Areal. Und sollte es bei einem erwachsenen Menschen aus irgendeinem Grund ausfallen, dann kann diese Person zwar noch sehen wie jeder andere auch. Wenn diese Person seiner Mutter ins Gesicht guckt, kann sie sogar sagen: »Du hast einen Pickel auf der Nase.« Aber sie sieht nicht mehr, dass es die eigene Mutter ist. Denn genau dafür ist dieses Areal zuständig.

Warum sehen für uns alle Japaner gleich aus?

Wie sehr diese Fähigkeit lernabhängig ist, kann man daran sehen, dass für uns zum Beispiel alle Japaner gleich aussehen. Woran liegt das? Nun, weil wir uns lernenderweise auf die Unterschiede zwischen den Gesichtern, die wir dauernd sehen, jenen von Onkel Egon und Tante Emilie und so weiter, einschießen. Wir strukturieren unser Gesichter-Areal so, dass da alle Gesichter, die wir kennen, schön verteilt sind und dass der ganze Platz optimal genutzt wird. Und wenn da jetzt einer kommt, der ganz anders aussieht, dann legen wir den in eine Ecke ab. Das ist dann der mit den ganz schmalen Augen und den besonderen Gesichtszügen. Wir haben nur eine Ecke, und in diese tun wir erst einmal alle Japaner hin. Und nebenbei: Die Japaner machen es mit uns ganz genauso. Wussten Sie, dass wir Europäer für den Durchschnittsjapaner auch alle gleich aussehen? Die eigenen Landsleute sehen für sie alle ganz verschieden aus. Nur wir Europäer, die kommen ihnen alle ähnlich vor.

Woran liegt das? Ja, weil die Japaner in ihrer frühen Kindheit eben Japaner sehen gelernt haben. Und wir Europäer haben eben Europäer sehen gelernt. Im Lauf der Zeit kann sich das ändern. Wenn Sie einmal eine Weile in Japan oder China sind, werden Sie merken: Hoppla, die sehen gar nicht alle gleich aus. Aber es wird weiterhin immer ein besonderes Gefühl für den europäischen Menschen bestehen bleiben und für dessen Gesichtszüge, weil man dieses spezifische Erkennen von frühester Kindheit an am deutlichsten gelernt hat. Und dafür – das hat man nachweisen können – wurde der meiste Platz im Gehirn geschaffen. Und wodurch? Durch Lernvorgänge.

Das neugeborene Kind ist dazu eingerichtet, zu überleben. Es braucht seinen Kreislauf, es braucht seine Atmung und es braucht auch eine gewisse Aufmerksamkeit. Und dafür ist der Hirnstamm wichtig. Das ist der oberste Teil des Rückenmarks und der unterste Teil des Gehirns. In diesem Hirnstamm werden die ganz entscheidenden Lebensfunktionen, also Atmung, Kreislauf und Aufmerksamkeit, kontrolliert und auch zum Teil reguliert. Auf diese Weise hat das Kind das alles zur Verfügung, wenn es auf die Welt kommt. Und so sehen wir manchmal bei neugeborenen Kindern, dass sie ein gewisses Lächeln haben. Das ist ein Stammhirnlächeln. Das geht von diesem Teil des Gehirns aus, es hat keine emotionale Bedeutung. Zu vergleichen ist das ein bisschen mit dem Gesichter-Anschauen. Es ist nicht das Anschauen eines Gesichts einer bestimmten Person, sondern es ist das Anschauen eines Gesichtsschemas. Die Weiterentwicklung kommt dann noch. Die Bedeutung des Gesichts wird in ziemlich kurzer Zeit erlernt, und ein soziales Lächeln, das wirklich in Verbindung mit einem Menschen ausgelöst wird, erfolgt dann auch noch. Aber das braucht eine weitere Hirnentwicklung. Und in diesem Zusammenhang ist die Rolle der Hirnrinde von Bedeutung.

Und plötzlich geht es um das Wollen

Normalerweise denken Sie nicht ans Atmen und an Ihren Herzschlag. Den haben Sie praktisch gar nicht unter Kontrolle. Aber Sie können einfach die Luft anhalten, wenn Sie wollen. Das Wollen ist eine ganz hochstufige Gehirnfunktion. Babys können noch nicht wollen. Bei denen läuft alles automatisch ab. Genauso ist das mit der Aufmerksamkeit. Sie können sich bewusst den Dingen zuwenden. Das Baby kann es nicht. Das Baby wendet sich automatisch dem zu, was auf es sozusagen einströmt. Und dann bleibt seine Aufmerksamkeit, kontrolliert durch den Hirnstamm und durch bestimmte Aufmerksamkeitsmechanismen, daran kleben.

Mütter finden das super. Mütter lächeln das Neugeborene an, und es schaut die Mutter an und lächelt zurück. Für die Mutter ist es ein unglaublich tolles Gefühl, wenn ihr Baby zurücklächelt und gar nicht mehr seinen Blick von ihr lassen kann und weiter und weiter die Mutter anguckt. Wenn die Mutter wüsste, dass das Kind gar nicht anders kann, als immer wieder zurückzugucken, weil seine Aufmerksamkeit noch gar nicht entwickelt ist …

Inzwischen hat man herausgefunden, dass erst mit vier, fünf Monaten die Fähigkeit entsteht, seine Aufmerksamkeit wieder abzuwenden von etwas, dem man sich gerade erst zugewendet hat. Dieses Abwenden entsteht nach und nach, und dafür braucht es höhere Hirnbereiche, da reicht der Hirnstamm nicht mehr aus. Diese höheren Hirnbereiche entwickeln sich, während die Aufmerksamkeit schon gebraucht wird. So kommt es dazu, dass es der Mutter am Anfang erscheint, als würde die Kleine oder der Kleine sie innig lieben. Und das ist vielleicht auch ganz gut, denn ein Säugling stört ja oft genug nachts und raubt ihr manchen Nerv. Es kann gut sein, dass dieses Entwicklungsdefizit manchen Babys sogar das Leben gerettet hat. Denn man könnte sie ja vielleicht doch irgendwie … Aber man tut es nicht, weil sie so süß lächeln.

Wie kann ein Kind in diesem Alter, also zwischen der Geburt und den ersten drei Monaten, so viel lernen? So viel aufnehmen? Die Nervenzellen sind mit seiner Geburt vorhanden. Diese Milliarden Nervenzellen, die hat das Kind schon. Wie praktisch. Und nun passiert es, dass in diesen wenigen Monaten die Verbindungen zwischen den Nervenzellen enorm zunehmen. Wir sprechen von einem Blühen. Das heißt, dass das Kind in den ersten drei Monaten enorm viele neue Verbindungsstellen schafft und damit neue Verknüpfungen, und das gibt ihm die Möglichkeit, alles zu lernen.

Nervenzellen ermöglichen das Lernen

Nervenverbindungen sind die Voraussetzung dafür, dass überhaupt gelernt werden kann. Denn lernen heißt letztlich nichts anderes, als dass Nervenverbindungen sich ändern. Wichtig ist, dass sie dafür da sind. Und wenn sie dann da sind und sich ändern können durch Lernprozesse, dann entstehen im Gehirn Spuren. Das heißt, bestimmte Impulse sausen durch bestimmte Verbindungen, und dadurch werden diese Verbindungen stärker. Welche Impulse nun welche Verbindungen wählen, das hängt von den Erfahrungen des Kindes ab. Ob das Kind, na ja, grüne Bäume oder Wüste oder Eis oder was auch immer sieht. Das Gesehene sind die Erfahrungen. Und entsprechend werden diese oder jene Impulse über diese oder jene Nervenzellen laufen. Aber die Impulse werden an den Nervenzellen dafür sorgen, dass die Verbindungen, über die sie laufen, stärker werden. Und diese stärkeren Verbindungen, das ist letztlich Lernen. Immer dann, wenn wir unser Gehirn benutzen, ändert es sich. Und beim Baby ändert es sich besonders schnell. Das heißt, durch die Benutzung werden ganz schnell Synapsenstärken geändert, und dadurch entstehen, wie erwähnt, Spuren im Gehirn.

Das Gehirn ist allerdings viel interessanter als zum Beispiel ein Strand, wo man ja auch herumlaufen kann, wo vielleicht auch ein paar andere Leute die immer gleichen Wege laufen, sodass Spuren entstehen. Das Gehirn ist viel dynamischer. Stellen Sie sich Folgendes vor: einen Urwald. Da sprießt und wuchert es, und dann tauchen plötzlich Elefanten auf und laufen einen bestimmten Weg. Auf diese Weise entsteht ein Trampelpfad. Der nächste Elefant kann dadurch viel unkomplizierter in diesem dichten Dschungel vorankommen, denn dieser Trampelpfad ist auf einmal eine Spur geworden. In unserem Kopf laufen natürlich keine Elefanten durchs Gebüsch, aber Impulse über Synapsen, die Kontaktstellen zwischen zwei Nervenzellen. Und so entstehen ebenfalls Trampelpfade, Psychologen nennen die seit über 100 Jahren Gedächtnisspuren. Und Neurowissenschaftler haben wiederum zeigen können, dass es Spuren sind, die durch die Impulse hinterlassen werden.

Auf der Suche nach Spuren

Warum ist es nun wichtig, dass es besonders früh im kindlichen Köpfchen ordentlich sprießt und sprosst? Ganz einfach: Stellen Sie sich einen Urwald vor, wo nichts sprießt und sprosst und deswegen auch keine Spuren entstehen können. Es braucht Dickicht, damit es Spuren geben kann. Genauso brauchen wir viele Synapsen, damit Spuren entstehen können. Und diese Spuren, diese guten Wege, werden auch beibehalten. Synapsen, die nicht gebraucht, die nicht verwendet werden, werden später sogar aktiv wieder abgeräumt. Die werden durch die Passivität nicht kleiner, nein, die werden wirklich aktiv abgebaut. Die brauchen wir nicht mehr, wenn erst die Spuren entstanden sind. Hinzu kommt noch Folgendes: Der größte Teil der Nervenzellen in unserem Gehirn erhält seine Impulse gar nicht von der Welt draußen, sondern von anderen Nervenzellen. Nun liegen die Zellen nicht irgendwie kunterbunt im Kopf herum, sondern sie sind in ganz bestimmter Weise organisiert.

Wir wissen, dass es bestimmte Zellen gibt, die sich um Gesichter kümmern. Andere Zellen kümmern sich um Töne. Und wieder andere um Ecken und Kanten oder um Gerüche. Das ist alles angelegt. Unser Gehirn kommt also lernbereit auf die Welt, ist bereit, bestimmte Dinge aufzunehmen. Aber bei der Geburt sind nur ganz wenige Bereiche richtig funktionsfähig. Dazu gehört der Hirnstamm, natürlich, den brauchen Babys zum Atmen, für den Herzschlag und am Anfang auch für die Aufmerksamkeit. Später entwickelt sich dann aber dieses riesengroße Ding, die Gehirnrinde. Zunächst lässt sich noch gar nicht so richtig klar sagen, dass es sich um ein Organ handelt, weil es so gefältelt ist. Wenn Sie ein Tuch zusammenknäulen, erkennen Sie auch nicht gleich beim Betrachten des Knäuels, dass das ein Tuch ist. Aber wenn sie es auseinanderziehen, dann sehen Sie plötzlich: Oh, das ist ja ein zweidimensionales Gebilde. Ähnlich müssen Sie sich die Gehirnrinde vorstellen.

Hierarchie in der Gehirnrinde

Die Gehirnrinde ist eine ungefähr fünf Millimeter dicke Schicht mit ganz vielen Nervenzellen. Etwa ein Viertel Quadratmeter groß, also 50 Zentimeter mal 50 Zentimeter messend, und sie besteht aus lauter einzelnen kleinen Bereichen. Diese Bereiche sind für bestimmte Dinge zuständig. Und jetzt kommt etwas ganz Wichtiges: Ist das Baby auf die Welt gekommen, sind die Bereiche, die für ganz einfache Sachen zuständig sind, schon funktionstüchtig. Sie sind direkt mit der Außenwelt verbunden. Das heißt, es strömen Seheindrücke, es strömen Tasteindrücke, Höreindrücke und viele verschiedene andere Dinge auf den Säugling ein, und alle Eindrücke sammeln sich dann, über eine Zwischenstation, direkt in der Gehirnrinde. So entstehen dort, erfahrungsabhängig, bestimmte Nervenzellen, die für bestimmte Dinge zuständig sind. Für tiefe Töne, für hohe Töne, für mittelhohe Töne, für spezielle Bereiche der Netzhaut, für den Rand, den linken Rand, den rechten, für oben, unten. Später für bestimmte Ecken und Kanten. Für Strukturen, für Farben und so weiter. Diese Bereiche lernen Babys also am Anfang. Deswegen sind es auch die, bei denen die Synapsen von Beginn an besonders heftig sprießen, denn wir brauchen ja Dickicht, damit Spuren entstehen.

Das ist aber noch nicht das ganze Gehirn. Es kommt auf die Welt in einer bestimmten Weise und ist entsprechend verdrahtet; man spricht auch von Verdrahtungen. Das sind natürlich keine Drähte, es sind Leitungen, Nervenleitungen. Und diese Leitungen sind nun so, dass von den einfachen Arealen ganz viele Leitungen zum nächsten Areal gehen. Am Anfang funktioniert das aber noch gar nicht richtig, weil die Leitungen nicht besonders gut funktionieren. Aber es geht weiter. Das nächste Areal, das dann etwas später zugeschaltet wird, kann vielleicht sogar schon Silben. Und das nächste, das wiederum nicht von außen die Impulse erhält, sondern von dem Areal, das darunterliegt, das kann womöglich die Silben zu Wörtern zusammensetzen oder die Wörter zu Sätzen. Und wieder weiter kann dann Sinn entstehen. Und wieder weiter kann man eine ganze Geschichte verstehen.

Es gibt also eine Hierarchie von Gehirnrindenarealen, und der wichtige Punkt ist, dass diese sich erst nach der Geburt entwickelt. Stellen Sie sich nun vor, Sie gehen irgendwohin, wo Sie die Sprache nicht können. Zum Beispiel nach China. Da die chinesische Sprache höchst kompliziert ist, verstehen Sie nichts. Was Sie bräuchten, wäre ein Lehrer, der Ihnen für den Anfang ganz einfache Sachen erklärt, nämlich welche Laute es gibt. Und der Ihnen dann erklärt, welche Silben existieren, welche Wörter. Stellen Sie sich vor, Sie haben einen solchen Lehrer nicht. Wie lernen Sie dann Chinesisch? Jeder Chinese hat die Sprache gelernt, und zwar ziemlich schnell. Der Grund: Die Gehirnentwicklung, die so funktioniert wie eben erklärt, ersetzt den Lehrer. Die sorgt dafür, dass zunächst einmal nur Einfaches gelernt werden kann, weil nur einfache Bereiche funktionieren. Dann werden immer komplexere Bereiche nacheinander zugeschaltet, und die können dann auch wiederum nur einen bestimmten Komplexitätsgrad aus dem, was die Ohren zu hören bekommen, entnehmen. Und deswegen lernen die dann jenen. Nichts anderes. Danach folgt das nächste Areal, und wieder wird etwas Komplizierteres aus dem, was ins Ohr dringt, entnommen. Und so entsteht Schicht für Schicht immer mehr Komplexität und die Gehirnentwicklung ersetzt den Lehrer.

Meilensteine der Entwicklung

Die ersten drei Monate im Leben eines Babys sind vor allem durch die Entwicklung der Sinne und die Koordination der Bewegungen gekennzeichnet. Das wird vorwiegend durch den Hirnstamm ermöglicht. Gleich nach der Geburt besteht die Welt des Babys aus kaum mehr als einer Bezugsperson, meist der Mutter. Das Neugeborene hört ihre weiche Stimme, es spürt die sanften Berührungen durch die Hände und schmeckt und riecht beim Trinken der Muttermilch die vertraute Welt der vergangenen Monate. Es ist eine kleine, störungsanfällige Welt, von der das Baby noch nichts weiß. Und jegliches unangenehme Gefühl wird mit lautem Geschrei beantwortet. Schon bald erkennt das Baby die Strukturen des menschlichen Gesichts. Augen, Nase, Mund. Ab der achten bis zehnten Woche beginnt es, scharf zu sehen. Bald darauf Objekte zu fixieren und mit den Augen zu verfolgen.

Tatsächlich muss das Baby erst das Sehen lernen. Das betrifft nicht die Augen, sondern das Gehirn. Nichts hat in der Welt eines Neugeborenen eine Bedeutung. Das Kind sieht einen Baum, weiß aber nicht, was ein Baum ist. Es sieht einen Stuhl, weiß aber nicht, was ein Stuhl ist. Der kleine Mensch sieht nur Strukturen. Senkrechte, waagerechte, gewundene, hohe, niedrige, helle, dunkle, farbige. Aber was diese Strukturen bedeuten, was ein Baum oder ein Stuhl ist, das weiß das Baby noch nicht. Es muss sich buchstäblich erst ein Bild von dieser Welt machen. Mit etwa acht Wochen beginnt das Baby, sich gegen die Schwerkraft zu behaupten. Immer länger kann es seinen Kopf von alleine aufrecht halten. Der Klammerreflex löst sich, die Hände öffnen sich häufiger und beginnen Gegenstände zu umgreifen. In dieser Zeit gibt es auch erste einfache Laute von sich, die mehr sind als das anfängliche laute Schreien und Weinen. Genau wie das Lächeln, das das Baby nun immer häufiger zeigt, bereiten diesen einfachen »Ähs« und »Ahs« den Eltern große Freude. Wie überhaupt jede einzelne Woche eine spürbare Veränderung und oft auch Erleichterung ins Leben der jungen Familie bringt. Besonders für die Mutter bemerkbar ist, wenn das Baby im Alter von zwei bis drei Monaten die Nächte durchschläft.

DIE WELT ENTDECKEN – WAS KINDER IM ALTER VON VIER BIS SECHS MONATEN LERNEN

Der nächste Entwicklungssprung des Kindes, zwischen vier und sechs Monaten, bringt neue Möglichkeiten, neue Fähigkeiten und neue Entwicklungen – auch des Gehirns. Vor allen Dingen ist eine wichtige Weiterentwicklung, dass das Kind nun Strukturen erkennen kann. Ein Beispiel: Das Kind hört seinen Namen häufig, ohne zu wissen, dass es sein Name ist. Es hört eine Folge von Tönen. Und wenn ein Kind jetzt seinen Namen hört, also ein Wort, das es oft vernommen hat, wird es, auch wenn der Name in einem langen Satz gesagt wird, an dieser Stelle aufhorchen. Es hat also diesen Namen erkannt. Und das gehört zu einer Leistung, bei der es um Erkennen und Behalten geht, um das Gedächtnis. Man erkennt das, was man erlebt hat. Und das ist deshalb möglich, weil sich in diesem Alter eine Struktur tief im Inneren des Gehirns entwickelt: der Hippocampus.

Der Hippocampus ist enorm wichtig für die Bildung von Erinnerungen. Vom vierten bis zum sechsten Monat zeigt er seine größte Zunahme überhaupt. Das hängt wahrscheinlich damit zusammen, dass jetzt ein Kind etwas erkennen kann, und das wird wichtig für sein Lernen. Ein Kind wird jetzt, wenn man ihm zum Beispiel sechs Bilder von Katzen hintereinander zeigt, beim ersten Bild aufmerksam schauen, beim zweiten und beim dritten Bild vielleicht etwas weniger, beim vierten Bild kennt es offenbar das Gesehene und schaut kaum noch hin. Beim letzten Bild wird es praktisch einschlafen. Jetzt könnte man annehmen, dass das Kind kein Interesse mehr hat. Doch nein. Das ist nicht der Fall. Denn wenn man jetzt das Bild eines Hundes zeigt, wacht es auf. Schaut voller Neugierde. Es hat erkannt, dass der Hund etwas anderes ist als die Katzen. Und wir wissen heute, dass ein Kind unterscheidet. Die Katzen haben einen runden Kopf, und der Hund hat einen langen Kopf. Und so werden Hunde und Katzen auseinandergehalten. Durch das Erkennen.

Das Gleiche funktioniert auch mit der Sprache. Ein Kind hört die Sprache, die um es herum benutzt wird. Und so hat es auch eine Vorstellung von den Lippen, die sich bewegen, wenn diese Sprache gesprochen wird. Es erkennt seine Sprache, die es immer hört, und kann sie unterscheiden von einer Fremdsprache, die es nicht gehört hat. Es erkennt also die Differenzen zwischen den Sprachen. Ein theoretisches Beispiel: Sähe ein Kind etwa im Fernsehen eine Person, die seine Sprache spricht, dann sähe es auch die Lippenbewegungen. Würden diese Lippen plötzlich eine andere Sprache sprechen, auch wenn diese gar nicht zu hören wäre, aber es würden einfach andere Lippenbewegungen sein, dann würde es nicht mehr das gleiche Interesse an den Tag legen wie bei der bekannten Sprache. Auch hier würde deutlich werden: Das Kind hat gelernt zu unterscheiden, es hat aber auch gelernt, dass man das, was man sieht, und das, was man hört, kombinieren kann. Und wenn das zusammenpasst, ist alles okay. Wenn nicht, ist es nicht okay. Und das zeigt sich schon im Alter von vier bis sechs Monaten. Das ist ein weiterer schöner Hinweis, wie ein Kind lernt.

Nachts wird groß programmiert

Der Hippocampus ist, im Gegensatz zur Gehirnrinde, vor allem für das Abspeichern und Abrufen von Einzelheiten zuständig. Also, hier merkt man sich den höchsten Berg von Grönland oder das Bruttosozialprodukt von Nigeria. Dank Ihres Hippocampus können Sie so etwas also behalten. Allerdings bleiben diese Einzelheiten nicht im Hippocampus, sondern im Lauf der Zeit, vor allem nachts, spielt er seine Informationen immer wieder der Großhirnrinde zu. Man könnte dieses einem Seepferdchen ähnliche Organ einem Menschen herausoperieren, und er wüsste trotzdem noch, was er gelernt hat. Und zwar deswegen, weil die Information nicht mehr im Hippocampus gespeichert ist, sondern in die Großhirnrinde transferiert wurde.

Da Babys viel auf einmal lernen, müssen sie auch viel verarbeiten. Das geschieht im Schlaf. Genauso wie Sie auch, ruhen sich Babys nicht einfach aus, wenn sie schlafen. Das meint man nur. Im Gehirn legt sich nichts zur Ruhe. Das Gehirn räumt beim Schlafen auf, betrachtet alles, was man tagsüber so gelernt hat, ordnet es entsprechend ein. Es wird nachverarbeitet, umcodiert, abgespeichert, neu assoziiert, Erlerntes mit Gefühlen verknüpft. Und weil nun Babys so viel lernen, schlafen sie auch so viel. Im Schlaf wird all das nochmals im Gehirn durchgegangen, was tagsüber gelernt wurde. Ältere Menschen lernen nicht mehr so viel, aus diesem Grund brauchen sie nur wenig Schlaf.

Meilensteine der Entwicklung

Zu Beginn des vierten Lebensmonats beginnt die Großhirnrinde, auch präfrontaler Kortex genannt, ihren Einfluss auf den stammesgeschichtlich älteren Hirnstamm auszuüben. Eltern merken das daran, dass ihr Baby weniger reizbar wird. Die durchschnittliche Schreidauer pro Tag reduziert sich von drei Stunden auf eine. Von der Hirnrinde geht später das willentliche, bewusste Handeln des Menschen aus. Und so ist mit der Aktivität der Großhirnrinde die zunehmende Wachheit und Aufmerksamkeit eines Kindes verbunden. Es beginnt, die Umgebung eingehend zu beobachten. Dreht seinen Kopf und verfolgt mit den Augen die Bewegungen von anderen Personen im Raum. Das Interesse für die Welt um es herum steigt. Und damit wiederum verbunden ist die zunehmende Bewegungsfreude des Babys. In dieser Zeit geben Babys häufig ein kehliges Gurren von sich. Der Kehlkopf ist nun tiefer in den Rachen gesunken. Und in Vorbereitung auf die Sprache spielt das Kind mit säuselnden und gurrenden Lauten. Viele Babys beginnen jetzt richtig laut zu lachen.

IMITATION UND FREMDENANGST – ZWISCHEN SIEBEN UND NEUN MONATEN

Im Alter zwischen sieben und neun Monaten geschieht dann etwas ganz Besonderes. Bis zu dieser Zeit ist zu beobachten, dass die Synapsen, die Nervenverbindungen, enorm zunehmen. Wir haben vom Blühen gesprochen. Und das gab auch den Hinweis, dass sich eine enorme Zunahme von all den Eindrücken im Gehirn auf diese Weise manifestiert. Dann aber, vom siebten bis zum neunten Monat, ist zu bemerken, dass die Zunahme der Nervenverbindungen völlig abflacht, diese sogar allmählich abnehmen. Um Gottes willen, könnte man jetzt denken, hört etwa das Lernen völlig auf? Das Gegenteil ist der Fall. Die wesentlichen Verbindungen werden verstärkt und die unwesentlichen, nicht mehr brauchbaren Verbindungen abgebaut. Die, die nicht mehr benötigt werden, verschwinden, stattdessen werden die, die nützlich sind, verstärkt, damit sie deutlich mehr leisten können. Diese Phase ist eine, in der wichtige Lernprozesse passieren.

Anders gesagt: Im Urwald blüht, wächst und sprießt es, und dann entstehen Spuren, und zwar dadurch, dass die Fläche benutzt wird, sodass Trampelpfade im Urwald und Trampelpfade im Gehirn entstehen. Diese Trampelpfade machen unsere Erfahrungen aus. Und sie werden benutzt, um die nächsten Lernstufen noch besser bewältigen, um sie besser vorstrukturieren zu können. Um auch zu antizipieren, was als Nächstes kommt. Wenn ich weiß, was als Nächstes geschieht, kann ich optimaler und rascher darauf reagieren, als wenn ich erst abwarten muss, bis es eintritt.

Habe ich ganz viel über die Welt gelernt, dann weiß ich im Prinzip, wie sie funktioniert. Deswegen kann das Kind das Nächste stets vorwegnehmen. Kann schon darauf reagieren, weshalb ich flotter, schneller, richtiger, wahrer, schöner, besser bin als die anderen. Aus diesem Grund überlebe ich. Denn letztlich haben wir unser Gehirn zum Überleben und nicht, um alles mögliche andere damit zu tun. Das Überleben wird gesichert durch Flucht oder Kampf. In dieser Hinsicht bezieht sich unser Gehirn letztlich auch wieder in seiner Leistung auf das, was um uns herum geschieht. Aber wir benutzen die Vorerfahrungen nicht reflexhaft, sondern zusammen mit dem, was gerade geschieht, um uns perfekter in der Welt zurechtzufinden. Und genau das lernt das Baby schon sehr früh, nämlich im ersten Lebensjahr.

Aber in diesem Zeitraum von sieben bis neun Monaten hat der vorderste Teil des Gehirns, das Stirnhirn, die Aufgabe, zusammen mit dem Hippocampus Erinnerungen so zu verarbeiten, dass sie auch für den momentanen Gebrauch des Menschen geeignet sind. Arbeitsgedächtnis nennt man das. Jetzt wird Neues mit dem kombiniert, was ein Kind als Erinnerung hat, also schon gelernt hat. Es wird verbunden mit dem, was es zur Lösung einer Aufgabe benötigt, die direkt vor ihm auftaucht. Deshalb der Begriff »Arbeitsgedächtnis«. Und das hat Folgen, für die Angst vor Fremden zum Beispiel.

Fremdenangst zeigt sich, wenn ein Kind, das zum Beispiel seine Großmutter immer mit großer Freude empfangen, Freude gezeigt, gelächelt hat, plötzlich, wenn die Großmutter einige Wochen nicht mehr da war, sogar zu weinen anfängt, wenn sie auftaucht. Für beide ist das eine schlimme Situation. Folgendes ist geschehen: Das Kind hat aufgrund seines Arbeitsgedächtnisses erwartet, dass ein Mensch zu ihm kommt, den es kennt. Aber die Großmutter, die sich einige Wochen nicht mehr hat blicken lassen, kennt es nicht mehr. Also ist es eine völlig fremde Erfahrung für das Kind. Etwas vollkommen Neues. Seine Vorstellung wurde nicht erfüllt: Da ist kein bekannter

Mensch aufgetaucht, sondern ein unbekannter Mensch, und so ist es völlig natürlich, dass das Kind, unsicher geworden, zu weinen anfängt.

Das Gleiche wird geschehen, wenn die Mutter plötzlich weg ist. Es ist gewohnt, dass seine Mutter immer da ist, und jetzt steht es vor einer Situation, in der die Mutter nicht anwesend ist. Sie ist nicht zu sehen, sie ist getrennt von dem Kind. Auch das ist eine neue Situation, es wird unruhig und könnte dann auch zu weinen beginnen. Aber eigentlich sind diese leidvollen Erfahrungen ganz wichtig für die kognitive Weiterentwicklung.

Grammatik lernen – oder die Sache mit den Dreiwortsätzen

Die kognitive Weiterentwicklung zeigt sich in diesem Alter in der Sprachentwicklung. Zunächst einmal hat das Kind Töne gelernt, dann Silben, und mit sieben Monaten beginnt es mit der Grammatik. Ja, genau, Grammatik. Was heißt das? Und wie hat man das überhaupt herausbekommen? Die Kleinen reden ja noch gar nicht. Wieder war es ein Experiment, das Aufschluss gab: Ein Baby saß auf dem Schoß der Mutter, es war sieben Monate alt. In der Folge spielte man ihm aus zwei Lautsprechern Dreiwortsätze mit einsilbigen, bedeutungslosen Wörtern vor. »La Li La« zum Beispiel, aus dem einen. Das Baby drehte den Kopf und wendete sich dem Lautsprecher zu, aus dem das »La Li La« kam. Klar, denn das war ja etwas Neues, etwas Tolles.

Da in dem Raum sonst nichts los war, konnte sich das Baby diesen Dreiwortsätzen zuwenden. Dann war aus dem anderen, dem zweiten Lautsprecher »Wu Fe Wu« zu hören. Das Baby drehte seinen Kopf nun dorthin und guckte jetzt zu dem Lautsprecher, aus dem der neue Satz erklang. Andere Sätze wechselten sich ab: »Mi

Ma Mi«, »Bu Bo Bu« und so weiter. Das Baby wendete sich jeweils dem tönenden Lautsprecher zu. Schließlich zeigte sich: Es wird ihm langweilig. Es habituiert, wie der Fachmann sagt.

Doch was muss man tun, damit dem Baby nicht mehr langweilig ist? Man hat verschiedene Sachen ausprobiert. Neue Silben, zum Beispiel. »Gro Gra Gro.« Das Baby fühlte sich immer noch gelangweilt. Man hat sogar das Geschlecht des Sprechers geändert, so sagte nicht mehr eine Männerstimme die Dreiwortsätze auf, sondern plötzlich eine Frau: »La Li La.« Auch das interessierte das Baby kaum. Nur unter einer Bedingung wendete es sich dem Lautsprecher wieder ganz intensiv zu. Als aus einem Lautsprecher, ganz egal, welchem, auf einmal ein »La La Li« drang. Das war neu. Warum? Dieser Satz hatte eine andere grammatische Struktur. Alle vorherigen Sätze wiesen nämlich die gleiche Struktur auf, die von A, B, A. Eine Silbe, eine andere Silbe und als Drittes wieder die erste Silbe. Der neue Satz mit »La La Li« hatte die Struktur A, A, B.

Sieben Monate alte Babys sind in der Lage, grammatikalische Strukturen aus einzelnen Erfahrungen in sich aufzunehmen, mit neu Gehörtem zu vergleichen und sich dann zu merken: »Oh, das kenn ich schon.« Oder: »Das ist eine neue Struktur. Der muss ich mich wieder zuwenden.« Das heißt, sieben Monate alte Babys sind nicht auf die einzelne Äußerung primär gerichtet, nein, es geht ihnen um die allgemeine Struktur dieser Äußerung. Also um die Grammatik. Und die muss man können, trotz kompliziertester grammatikalischer Regeln. Mit jedem Sechsjährigen können Sie sich fehlerfrei auf Deutsch unterhalten, wenn die Muttersprache Deutsch ist. Es gibt noch einmal einen kleinen Einbruch mit 16, aber mit sechs geht es meistens ganz gut. Und das wiederum setzt voraus, dass die grammatischen Regeln tatsächlich gekonnt und angewendet werden.

Kleine Kinder lernen also schon sehr früh nicht nur Töne und Laute, sondern sie lernen sogar Grammatik. Im ersten Lebensjahr!

Zu den Gedanken kommen die Gefühle

Natürlich werden nicht nur Gedanken, Ideen, kognitive Inhalte gelernt. Es wird vor allem gelernt, wie man sich fühlt, wie man drauf ist, wie man sich zur Welt verhält: Ist man ängstlich oder geht hinaus, hat Mut? Hier kommt es auf die Vorbilder an. Denn die anderen sind wichtig, sie werden nachgeahmt, und das Nachahmen all dieser Gefühle, das Baden in ihnen, ist genauso entscheidend wie das Baden in der Muttersprache. Durch beides, durch ein Aufhalten in diesen Dingen und ihr dauerndes Erfahren werden sie gelernt. Gleichzeitig entwickelt sich das Gehirn, und deswegen wird immer Komplizierteres auf dem Rücken des schon Verstandenen, Einfachen gelernt.

Dabei gibt es gewisse Entwicklungsphasen, die durch diese Gehirnentwicklung bedingt sind. Neue Dinge werden zugeschaltet, neue Areale kommen »online« hinzu, weil die Verbindungen das zulassen; sie waren zwar schon vorher da, waren aber eben noch nicht ausgereift. Und dann entstehen in einer bestimmten Phase plötzlich neue Möglichkeiten.

Noch einmal zurück zur Angst: Bei ihr ist das ganz genauso. Natürlich ist die Angst schon sehr früh existent, aber sie entwickelt sich anders durch ein neues Gehirnteil, das auch dann erst »online« geht, verarbeitet und in den Erfahrungsvollzug des Babys eingebettet wird, sobald die Verbindungen »sitzen«.

Verbunden ist damit der Fakt, dass jetzt eine Struktur zugeschaltet wird, die Amygdala, auch Mandelkern genannt. Diese Amygdala, die dem Hippocampus anliegt, ist wesentlich für die Gefühlsverarbeitung, für die emotionale Verarbeitung. Das erklärt, dass sie zahlreiche Funktionen im Bereich der Angstauslösung hat. Angst vor Fremden und Trennungsängste spielen hier eine besondere Rolle. Das heißt aber nicht, dass Emotionen vorher keine Rolle gespielt hätten, aber jetzt werden sie eingebettet in das gesamte Verhalten und Weltverständnis des Kindes.

Dazu kommt noch eine entscheidende Weiterentwicklung des Gesichtsfelds – des Begreifens der Welt –, in dem das Kind sich in dieser Phase fortbewegen kann. Es kann inzwischen krabbeln und damit kann es seine Umgebung explorieren, kann jetzt auf Erkundungstour gehen und damit viele neue Erfahrungen machen. Dieses Krabbeln ist deswegen möglich, weil sich das Bewegungssystem der Muskeln unter der Kontrolle des Gehirns entwickelt hat. Beine, Arme, alles ist beweglicher geworden. Das ist ein wichtiger Schritt, um Welt und Umwelt zu erfassen.

Spuren im motorischen System

Ein Pferd wird geboren, steht auf, schüttelt sich und läuft los. Ganz offensichtlich sind Programme zum Laufen bei Pferden mit der Geburt vorhanden und brauchen nur wie bei einem Motor aktiviert zu werden. Laufen lernen im eigentlichen Sinne braucht das Pferd nicht. Ein Pferd steht auch auf vier Beinen, und jeder weiß, dass ein Tisch mit vier Beinen nicht von allein umfällt. Ein Tisch mit zwei Beinen fällt um, ein Mensch mit zwei Beinen auch, deswegen müssen Menschen laufen lernen, denn das Balancieren auf nur zwei Beinen ist kompliziert. Da bleibt man nicht von allein stehen, da muss man lernen, wie das geht. Nur – wie lernt ein Baby laufen? Nun, es zieht sich am Stuhlbein hoch, am Tischbein, am Sofa – und plumpst wieder hin. Dabei merkt es sich genau das nicht: »Gestern bin ich am Sofa auf die linke Pobacke gefallen.« Nein, das Kind merkt sich etwas ganz anderes. Es merkt sich überhaupt nicht jeden einzelnen Plumpser, aber mit jedem einzelnen Plumpser lernt es ein kleines bisschen besser, wie man oben bleibt. Und so entstehen im Lauf der Zeit Spuren. Spuren im motorischen System, die dafür sorgen, dass man der Schwerkraft entgegenwirkt, eben oben bleibt und auf nur zwei Beinen balanciert, und das immer besser.

Zunächst einmal ist es unglaublich, dass ein Kind mit acht oder zehn Monaten innerhalb von wenigen Wochen laufen lernt. Es könnte für das Baby ziemlich frustrierend sein, über Wochen sich irgendwo hochzuziehen, um dann doch nur wieder auf den Po zu plumpsen. Wenn Sie wissen wollen, was Frustrationstoleranz ist, dann gucken Sie einem zehn Monate alten Baby beim Laufenlernen zu, dann wissen Sie es. Immer wieder probiert es das, keine Frustration hält es davon ab. Sie müssen nicht hinter dem Kind stehen und sagen: »Du lernst jetzt aber bitte laufen.« Nein, das macht es von ganz allein.

Und wie lernen die Kleinen laufen? Nicht durch das Lernen von Einzelheiten, nein, sondern dadurch, dass sie anhand der einzelnen Versuche letztlich allgemein lernen, wie man balanciert, auf zwei Beinen steht und läuft. Jeder Mensch hat auf diese Weise Laufen gelernt, von Versuch zu Versuch, von einem Plumpser zum nächsten. Genau darauf kommt es beim Lernen an. Man lernt nicht Einzelnes, sondern das Allgemeine anhand des Einzelnen. Das ist beim Sprechen so, das ist beim Laufen so und das ist auch später bei anderen Dingen so: wie man sich benimmt, wie man miteinander umgeht. Wir baden in allen möglichen Dingen, in Handlungen, in Bewegungen, in Emotionen, im Sprechen, und genau dadurch entstehen im Gehirn eines kleinen Kindes die richtigen Spuren. Und dadurch, dass die entstehen, wird das kleine Kind zu einem vernünftigen Erwachsenen.

Meilensteine der Entwicklung

Im Alter von etwa sieben Monaten sind die Muskeln so weit gekräftigt, dass ein Baby beginnen kann, die Umgebung robbend und kriechend zu erkunden. Mit rund acht Monaten beginnt es, das Verhalten anderer Menschen zu imitieren. Dieses Lernen durch Nachahmung, bei dem das Baby genau das nachmacht, was Erwachsene um es herum tun, kann nicht hoch genug gewürdigt werden. Es schöpft aus deren Erfahrung. In diesem Alter, also mit rund acht Monaten, nimmt auch das Arbeitsgedächtnis den Betrieb auf, sodass Erinnerungen mit der Gegenwart kombiniert werden. So reagiert das Baby nun auf Versteckspiele. Aus den Augen ist nicht mehr aus dem Sinn. Verstecken Papa oder Mama spielerisch eine Puppe unter der Bettdecke, sieht das Kind die Puppe zwar nicht mehr, aber es weiß, dass sie unter der Bettdecke liegt. Nur wenige Wochen zuvor konnte das Kind dieses Spiel nicht verstehen, weil das Arbeitsgedächtnis noch nicht funktionierte.

Verbunden mit diesem geistigen Entwicklungssprung und mit der Aktivierung des Gefühlssystems im Gehirn sind auch negative Reaktionen. Die Kinder zeigen sehr deutlich, wie sie sich fühlen, wenn Fremde auf sie zugehen oder wenn sie von vertrauten Menschen getrennt werden.

ERSTE SCHRITTE, ERSTE WORTE – ZWISCHEN ZEHN UND ZWÖLF MONATEN

Dann, im Alter von zehn bis zwölf Monaten, erfährt das Kind eine große Erweiterung seines Weltbilds. Es beginnt zu gehen, es kann sich nun selbstständig bewegen, wohin und wann es will, und das hat einen entscheidenden Effekt auf seine körperliche, kognitive und emotionale Entwicklung. Es tritt quasi vom engen Rahmen des Ichs in den sozialen Rahmen der Menschen. Es beginnt, auf andere Menschen zu achten, es ist von anderen Menschen umgeben, es lebt mehr und mehr in einer Gruppe, ist Teil der Gruppe und wird von dieser Gruppe auch beeinflusst.

Ein typisches Beispiel dafür ist das Kind in der Küche. Wenn es etwas unternehmen will, ist der schönste Spielplatz für ein Kind in diesem Alter die Küche. Denn in der Küche passiert enorm viel, da sind sehr viele Gegenstände. So kann es zum Beispiel einen ganzen Küchenschrank ausräumen, mit wahnsinnig viel Krach. Einfach herrlich ist das. Aber, und das ist sehr typisch für die Entwicklung des Kindes: Es schaut zurück. Was sagen die anderen dazu? Ist das ganz fein, verbunden mit einem wunderbaren »Ja, ja, ja«, oder blickt es in ein eher frostiges Gesicht: »Nein, tu das lieber nicht.« So lernt ein Kind »ja« und »nein«, »gut« und »nicht gut«.

Dieses soziale Spiel ist für seine weitere Entwicklung, für sein ganzes Leben von großer Bedeutung, denn der Mensch ist ein zutiefst soziales Wesen. So ist auch das Fingerzeigen des Kindes zu verstehen. Es sitzt im Kinderwagen, und mit seinem Finger zeigt es ganz klar auf einen Vogel, der vorbeifliegt, es sagt: »Schau, Mama, da fliegt ein Vogel vorbei.« Mit anderen Worten: Das Kind möchte zuerst einmal sein Erlebnis mit der Mutter teilen, es möchte aber auch der Mutter mitteilen: Schau, da ist etwas Interessantes, da ist ein Vogel. Schlussendlich aber könnte es auch bedeuten, dass es von der Mutter mehr erfahren will. Was ist das? Und das ist eben das Großartige in unserer Welt: dass wir dazugehören und dass die Gesellschaft und natürlich auch die Mutter uns sehr viel geben können, was das Lernen und Verstehen unserer Welt angeht. Entscheidend ist für die Entwicklung, wie der Mensch in seiner Gruppe lebt und wie die Gruppe den Menschen aufnimmt. Philosophisch formuliert: Der Mensch will wissen, wer er ist und wo sich der eigene Platz in dieser Welt befindet. Und das beginnt mit den ersten Schritten des Kindes in die Welt.

Das Wichtigste an unserer Umwelt, an der Umwelt aller Menschen ist, dass andere Menschen existent sind, und diese anderen Menschen müssen wir verstehen. Wir müssen verstehen, was sie umtreibt, was sie denken, was sie meinen. Und ja, wir müssen lernen, dass es ein Innenleben in diesen anderen Menschen gibt. Das ist mit das Schwierigste, was man lernen kann, und deswegen können Babys das auch noch nicht. Erst Kinder von drei oder vier Jahren fangen an, zu begreifen, zu verstehen, dass ein anderer eine eigene Innenwelt hat und seine Sicht auf die Dinge.

Doch wie kann man das lernen? Wahrscheinlich geht das nicht zuletzt über die Motorik. Ein Kind lernt ja schon sehr früh, das zu machen, was andere auch machen. In einer berühmt gewordenen Untersuchung aus den Siebzigerjahren wurde nachgewiesen, dass ein Neugeborenes, wenn man ihm die Zunge rausstreckt, ebenfalls seine Zunge rausstreckt. Es fängt also ganz früh an, das zu imitieren, was es um sich herum sieht und begreift.

Das große Nachmachen

Das Nachmachen spielt in der Entwicklung eines Kindes eine immer größere Rolle, und gerade in den letzten Jahren konnte gezeigt werden, dass bestimmte Nervenzellen in unseren Gehirnen dafür da sind, dass wir nicht nur sehen, wenn einer etwas macht, sondern bei uns die gleichen Zellen aktiv werden, wenn wir Identisches nachmachen. Das sind sozusagen »Nachmach-Neuronen«, die in Gang gesetzt werden, wenn ich jemandem zugucke, wie er eine Tasse greift, und ich dann selbst zu der Tasse greife. Es handelt sich dabei tatsächlich um genau die gleichen Neuronen. Und sie sitzen deswegen auch beim Greifen, also bei der Motorik.

Interessant ist: Diese Neuronen werden auch aktiv, wenn ich zuschaue, wie jemand nach etwas greift, und ich selbst gar nichts tue, obgleich es Nervenzellen sind, die zum motorischen System gehören. Ihr Name ist nicht »Nachmach-Neuronen«, sie heißen Spiegelneuronen. Der Begriff ist vielleicht ein bisschen unglücklich gewählt, aber er hat sich eingebürgert. Mirror neurons, Spiegelneuronen, stehen für Nervenzellen, die sowohl das Machen als auch das Zuschauen, wie es ein anderer macht, betreffen. Das ist interessant, denn wenn die gleichen Nervenzellen eine Handlung und das Zuschauen einer Handlung codieren, können so alle möglichen Dinge leicht eingeübt werden. Ich muss nur schauen, was der andere macht, und damit lerne ich, es selbst zu machen. Das heißt, ich kann ganz schnell durch Imitation von anderen lernen.

Im Lauf der Evolution entstand der Mensch, der in Gruppen lebte, zusammen mit vielen anderen. Was müssen also kleine Kinder tun? Sie müssen zu anderen kleinen Kindern laufen und können dann ihr Verhalten nachmachen, können so lernen, ohne dass sie alles selbst machen müssen. Das ist ganz wesentlich, denn dadurch nimmt der Raum dessen, was man alles lernen kann, unglaublich zu.

Man sieht, wie sich jemand verbrennt – und muss sich gar nicht selbst die Finger verbrennen, denn man hat es ja gesehen, man fühlt ja auch den Schmerz des anderen mit, und deswegen muss ich gar keinen eigenen Schmerz empfinden, um selbst einzusehen, dass ich mir besser nicht die Finger verbrenne. Nein, ich habe es miterlebt durch die Möglichkeiten, die in meinem Gehirn sind, und dadurch kann ich unglaublich viel lernen, einfach nur, indem ich es imitiere, indem ich mich in einen anderen hineinversetze. Und genau dafür haben wir extra Nervenzellen, die sind für nichts weiter da, als das Nachmachen zu ermöglich und natürlich das Lernen.

Meilensteine der Entwicklung

Viele Babys lernen im Alter zwischen zehn und zwölf Monaten zu gehen. Manche Frühstarter tapsen auch schon mit neun Monaten alleine herum, während andere Kinder erst mit 15 Monaten oder noch später gut zu Fuß sind. Generell sollten sich Eltern bewusst sein, dass die Variabilität extrem groß ist, welche Fähigkeiten Kinder wann beherrschen. Da das Baby jetzt aktiv die Welt erobert, lernt es, seinen Körper und vor allem seine Hände immer besser zu koordinieren. Daumen und Zeigefinger greifen mit den Fingerkuppen und können so Gegenstände gezielt fassen. Das Baby beginnt nun, Zusammenhänge zwischen Ursache und Wirkung zu verstehen. Immer öfter werden andere Personen ins eigene Handeln integriert, Spielen wird zum Gemeinschaftserlebnis.

Gleichzeitig setzt verstärkt das Streben nach Selbstständigkeit ein. Das Kind will mit eigenen Händen essen und trinken, es drückt immer öfter den eigenen Willen aus. Aus Sicht der Eltern entwickelt das Kind zunehmend eine eigene Persönlichkeit. Etwa die Hälfte der Kinder kann mit Ende des ersten Lebensjahrs »Mama« und »Papa« sagen. Manche sind sprachlich schon sehr weit fortgeschritten, andere brauchen noch einige Monate, bis sie die ersten Worte über die Lippen bringen. Genau wie beim Gehen ist auch beim Spracherwerb die Variabilität enorm. Und doch, in wenigen Monaten oder Jahren werden diese Unterschiede verwischt und unsichtbar sein. Spuren davon bleiben nur in den Erinnerungen der lachenden und scherzenden Eltern.

WIE ICH MEIN BABY FÖRDERN KANN

Ich werde immer wieder gefragt: »Wie kann ich mein Kind am besten fördern, was kann ich tun, damit es Erfolg im Leben haben wird?« Ich kann dazu nur Folgendes sagen: Schauen Sie zuallererst, dass das Kind seine Sinne gut gebrauchen kann. Es kann sehen, es kann hören, es kann fühlen, es kann sich bewegen. Damit haben Sie eine ganz wichtige Aufgabe erfüllt. Zweitens: Geben Sie Ihrem Kind Gelegenheit, so viele Erfahrungen zu machen wie nur möglich. Aber Erfahrungen, die es auch selbst will, über die es sich freut und die keine Überforderung für das Kind bedeuten. Man kann zu viel stimulieren, aber man kann auch zu wenig tun. Sie sehen das daran, wie das Kind reagiert, wie es darauf anspricht. Und das Allerwichtigste: Geben Sie dem Kind Geborgenheit, Vertrauen, haben Sie selbst Freude an Ihrem Kind, genießen Sie seine Entwicklung und genießen Sie es, wenn das Kind glücklich ist.

Ich will ein kleines Beispiel anfügen: Was würden Sie von einem Philosophieprofessor halten, der seinem neun Monate alten Sohn Kant vorliest? Man könnte meinen: »Um Gottes willen, dieser schreckliche Vater überfordert sein Kind total, das kann nicht gut gehen. Der Kleine versteht doch gar nichts, dem Kleinen wird ganz schlecht werden, der wird ganz frustriert, es ist furchtbar.« Aber der Vater liebt nun mal Kant, und wenn er Kant vorliest, den kategorischen Imperativ mit Emphase, überhaupt wird er vieles mit Emphase vorlesen, die langen, schrecklichen Sätze – was wird der kleine, neun Monate alte Säugling davon mitbekommen? Zunächst einmal: »Oh, der Papa liest was Interessantes.« Bekommt er das mit, wird seine Aufmerksamkeit beim Vater sein. Es wird ihm keineswegs langweilig, nein, der Papa redet ja spannendes Zeug.

Nun, neun Monate alte Babys können noch nicht den Sinn von Sprache erfassen, aber sie lernen unter anderem die Laute der Muttersprache. Und wenn der Vater den Kant interessant vorliest, dann sind die Laute unglaublich gut ausgestaltet, dann wird der akustische Klangbrei, die Klangsoße, die an die Ohren des kleinen Kindes gelangt, ganz besonders differenziert sein. Sein Sohn wird perfekt Phoneme aus dem Kant herausdröseln. Er lernt also nicht Kant, er lernt deutsche Sprachlaute, aber die lernt er gut. Vielleicht lernt er auch ein bisschen deutsche Grammatik, denn ab sieben Monaten kann man ja schon Grammatik lernen.

Nun kommt jemand daher und erklärt dem Vater: »Pass mal auf, mach doch was Kindgerechtes. Du musst unbedingt deinem Sohn *Micky Maus* vorlesen. Weißt du, das ist was für kleine Kinder.« Na ja, okay, wenn du meinst, denkt der Vater. Er langweilt sich tödlich mit diesem Zeug und er liest gelangweilt kindgerecht dem kleinen Knirps Micky Maus vor. Der kleine Knirps langweilt sich deswegen ebenfalls, und die Klangsoße ist auch gar nicht schön moduliert, sondern eher ein bisschen öde, weswegen das Baby Mühe hat, die deutschen Phoneme zu lernen.

Was ist also besser? Wenn Sie nun der Auffassung sind, dass man neun Monate alten Babys Kant vorlesen muss, haben Sie nicht verstanden, worum es geht. Es geht nämlich nicht darum, Rezepte zu geben à la »Tu dies, tu jenes« es geht darum, mit dem kleinen Knirps etwas zu machen, das Spaß macht. Denn wenn es demjenigen, der etwas macht, Spaß bereitet, dann hat auch der kleine Knirps Freude daran.

Lernen im Wald

Wir wissen nicht, was ein Baby gerade lernt. Wir haben heute erste Ideen, in welchen Zeiträumen was gelernt wird. Aber diese Ideen sind noch längst nicht ausgereift, so wissen wir nicht, welche Ebene der Abstraktion gerade im kindlichen Gehirn heranreift. Das heißt: Keiner weiß eigentlich, welchen Input das Kind in einer bestimmten Zeit in optimaler Weise braucht, damit optimal gelernt werden kann. Aber wir wissen: Ist der Input nur interessant genug und wird er mit Emphase aufmerksamkeitsgerecht dargelegt, ist schon irgendetwas dabei, was dem Baby gerade zum Lernen gereicht.

Sprache ist unendlich kompliziert und besitzt eine Reihe von Komplexitätsebenen, von Frequenzmustern, darunter zeitliche Muster von Frequenzmustern, also von Mustern dieser Muster, bis hin zu komplexen Bedeutungen. Auf welcher Ebene das Gehirn aber aktuell Erfahrenes analysiert und in sich aufnimmt und Spuren bildet, das wissen wir nicht. Wenn Sie aber Spaß haben, hat der Kleine oder die Kleine auch Spaß, und dann haben wir gelernt, auf welcher Ebene auch immer. Das ist der Grund, weshalb Sie, wenn Sie mit kleinen Kindern im Wald sind, auf jeden Fall richtigliegen, mehr jedenfalls als in der Spielecke mit irgendwelchen Klötzen. Warum? Die Klötze sind vielleicht für den Zweijährigen, vielleicht für den Anderthalbjährigen oder für den Dreijährigen gut, vielleicht langweilt sich das Kind auch gerade mit den Klötzen. Klötze haben nicht sehr viele Eigenschaften, sie tun sich durch das Klotzhafte hervor. Im Wald hingegen gibt es Komplexität auf jeder Ebene. Da gibt es Matsch, da gibt es Laub, vielleicht auch kleine Insekten, die krabbeln, die was tun, mit denen man fast emphatisch etwas nachleben kann. Es gibt im Wald visuelle Strukturen von unterschiedlichster Komplexität. Es ist also egal, auf welcher Ebene Babys gerade lernen, ihr Gehirn gerade Erfahrungen macht, immer ist was dabei.

Kant für neun Monate alte Säuglinge? Wenn Sie Kant-Professor sind: unbedingt. Wenn Sie lieber Fußball spielen, dann spielen Sie Fußball mit dem Kleinen auf dem Arm. Es wird ihm Spaß machen und er wird etwas lernen. Sorgen Sie dafür, dass es Ihnen Spaß macht, dann ist die Chance, dass es dem Baby Spaß macht, sehr groß. Dann ist auch die Chance groß, dass etwas gelernt wird, dass im Miteinander Gemeinsamkeit entsteht. Und dann hat man die Chance, dass Welt und Leben in der Welt funktionieren und glücken.

»HALLO, ONKEL PAPA« – WIE ZWEIJÄHRIGE LERNEN

BESONDERE MENSCHEN: ZWEIJÄHRIGE

Zweijährige sind ganz besondere Menschen, sie sind wie Schwämme im Hinblick auf das, was in ihrer Umgebung vorliegt. Sie saugen alles auf, sie nehmen alles mit und vor allem unglaublich schnell.

Meine Tochter zum Beispiel hatte sich irgendwann einmal daran gewöhnt, dass ich nicht so oft zu Hause war. Im Nachhinein denke ich, dass ich es nicht immer richtig gemacht habe, denn irgendwann einmal kam sie zu mir und sagte: »Hallo, Onkel Papa.« Das war ihr so herausgerutscht, das hatte sie nicht bewusst gemacht, aber es war irgendwie klar, dass es der Onkel ist, wenn ab und zu mal ein Mann in der Familie auftaucht. Und uns beide, meine Frau und mich, hat das damals sehr betroffen gemacht. Wir haben uns angeschaut, als unsere Älteste »Onkel Papa« zu mir sagte. Wir haben uns überlegt, was hier falsch gelaufen sein könnte. War überhaupt etwas falsch gelaufen? Jedenfalls gab ich mir Mühe und achtete darauf, dass ich mit meiner Tochter wieder häufiger Kontakt hatte. Trotz vielerlei Aufgaben sollte sich meine Tochter ernst genommen fühlen.

Was kann man am »Hallo, Onkel Papa« erkennen? Dass kleine Kinder das, was sie erleben, sofort aufnehmen, umsetzen, verallgemeinern und in neue Dinge verwandeln. Sagte jemand in unserer Familie »übermorgen«, sprach ein anderes meiner Kinder von »übergestern«, wobei es »vorgestern« meinte. Aber »vorgestern« hatte es irgendwie noch nicht gehört. Klar, der Tag nach morgen ist »übermorgen«, so ist der Tag vor gestern selbstverständlich »übergestern«.

Solche Dinge passieren andauernd, wenn man darauf achtet: Kleine Gehirne nehmen Informationen auf, aber nicht nur passiv, sondern sie setzen sie in allgemeine Regeln um. Diese Regeln werden benutzt, um sofort wieder ein Verhalten an den Tag zu legen und sich in der Welt neu zurechtzufinden. Dieses Reiben in der Welt und mit der Welt, das machen Zweijährige dauernd. Sie sind ja deswegen auch so »schrecklich«. Die Amerikaner sprechen von den *terrible twos*, von den furchtbaren Zweijährigen, die einem so unglaublich auf die Nerven gehen können, dass man sie an die Wand klatschen möchte.

Woran liegt das nun? Weil sie alles wissen wollen, alles lernen wollen und nicht abwarten, bis irgendetwas passiert. Nein, sie provozieren diese Situationen, sie reizen alles aus und reizen auch die Eltern so lange, bis das geschieht, was sie vielleicht auch wollen, nämlich dass sie wieder mal Grenzen gesetzt bekommen. Denn natürlich brauchen die Zweijährigen ihre Grenzen, denn sie wollen ja herausfinden, wie weit sie gehen können, was möglich ist, was nicht mehr möglich ist. Sie wollen ausprobieren: Wo ist hier eine feste Grenze, wo eine Regel, an die ich mich auch halten will und halten kann? Denn natürlich lernen kleine Kinder Regeln, und es ist sehr schön, wenn sie das in dem Alter tun. Wenn wir ihnen alles erlauben, wird ihnen später einmal ein anderer, vielleicht ein Gleichaltriger, vielleicht aber auch ein Lehrer oder, noch schlimmer, ein Arbeitgeber sagen, was man tun soll und was man nicht tun soll. Wenn das dem Zweijährigen die Eltern sagen oder die Großmutter oder wer auch immer, dann ist das viel leichter gelernt, als wenn es viel später irgendein anderer tut.

BIOLOGISCHE BEREITSCHAFT UND ERFAHRUNGEN

Das zweite Lebensjahr eines Kindes ist für Eltern und für Betreuende eine große, aber auch eine großartige Herausforderung. Schauen wir an einem Beispiel, wie Kinder in diesem Alter lernen. Ein sehr geniales Experiment wurde folgendermaßen durchgeführt: Das Kind sitzt bequem auf dem Schoß seiner Mutter an einem Tisch, vis-à-vis vor ihm die Psychologin. Auf dem Tisch steht eine interessante Figur. Wenn jetzt die Psychologin diese Figur anschaut, wird auch das Kind diese Figur anschauen. Schließt aber die Psychologin ihre Augen, wird das Kind die Figur nicht mehr anschauen. Offenbar weiß es in irgendeiner Weise, dass die Psychologin es nicht mehr sehen kann.

Jetzt wurde Folgendes gemacht: Die Psychologin bedeckt sich die Augen mit einer schwarzen Augenbinde. Das Kind wird weiterhin auf die Figur schauen, denn es weiß offenbar nicht, dass die Psychologin die Figur nicht mehr sehen kann. Hält man danach diese Augenbinde dem Kind vor seine Augen, sodass es also eine kurze Zeit nichts sieht, und legt man dann der Psychologin die Augenbinde wieder an, wird das Kind die Figur nicht mehr anschauen. Das Prinzip dahinter: Als das Kind mit der Augenbinde seine eigenen Erfahrungen machte, hatte es gelernt, dass mit ihr auch ein anderer Mensch nicht sehen kann. Das Prinzip ist also ein wichtiger Teil des Lernens, das Prinzip sind die eigenen Erfahrungen, die gemacht werden.

Dieses Verständnis mithilfe eigener Erfahrungen hat ein Kind im ersten Lebensjahr noch nicht, aber mit Beginn des zweiten Lebensjahrs beginnt sich das zu entwickeln, ungefähr zwischen dem 12. und 15. Monat. Eine zweite wichtige Entwicklung, auch so zwischen diesen Monaten, ist die zunehmende Fähigkeit, zu gehen, sich zu bewegen und seine Hände zu gebrauchen. Das öffnet natürlich weitere Perspektiven, die Welt zu erleben, und schon wird begonnen, die Welt zu bearbeiten und zu erforschen.

Schneller und immer schneller werdende Impulse

Diese Entwicklung geht weiter, denn es passieren in dieser Phase mehrere verschiedene Dinge im Gehirn, in den Arealen, die diese Bewegungen kontrollieren und ausführen. Es findet ein Auswachsen der Nervenbahnen statt, die vom Gehirn bis zu den Muskeln in den Händen und Beinen führen. Diese Nervenbahnen werden jetzt vor allen Dingen verstärkt, indem eine Isolierschicht um die Nerven gebildet wird. Diese Isolierschicht nennen wir Myelin. Und diese Myelinisierung der Nervenbahnen erlaubt eine enorme Zunahme der Leitgeschwindigkeit in den Nerven. Die elektrischen Impulse können bis um das Hundertfache schneller werden, auch präziser, sodass quasi »Kurzschlüsse« verhindert werden.

Das Prinzip ist das gleiche wie bei einer elektrischen Leitung, die auch eine Isolierschicht hat, damit die Funktion wirklich ausgeführt werden kann. Dazu kommt jetzt aber noch etwas Weiteres: Ein Kind möchte eine Bewegung durchführen, und jetzt ist es das Kleinhirn, auch Cerebellum genannt, das die Funktion übernimmt, die geplante Bewegung zu kontrollieren. Entspricht sie im Nachhinein auch der ausgeführten Bewegung? Das Cerebellum kontrolliert also die Bewegung an und für sich, aber ebenso die Durchführung der Bewegung und die Richtigkeit dieser.

Das Cerebellum wird im Gehirn zugeschaltet, und das erlaubt dann ein konstantes Lernen der Bewegung, ein Korrigieren und

Verbessern. Letztlich führen alle diese Aktivitäten dazu, dass die Nervenverbindungen stärker werden, mehr Kontakte zwischen den Nervenzellen entstehen, mehr Kontakte zwischen Gehirn und Muskeln. Diese äußerst aktive Periode, in der das Kind versucht und versucht und versucht, geht einher mit einer großen Veränderung der Gehirnareale. Das ist auch der Grund, warum im Allgemeinen Kinder vor dem Ende des ersten Lebensjahrs nicht gehen können. Es braucht eben diese Myelinisierung. Es braucht die Arbeit des Cerebellums, es braucht die große Zahl der Erfahrungen, bis dann Anfang des zweiten Lebensjahrs das Gehen möglich wird.

Dass man es nicht erzwingen kann, dass ein Kind früher gehen kann, obwohl man wirklich alles versucht hat, zeigt ein schönes Beispiel: Jägerstämme in Afrika haben ein besonderes Interesse, dass ihr männlicher Nachwuchs so rasch wie möglich frei gehen und frei rennen kann. Man hat die Jungen ab dem fünften Lebensmonat praktisch dazu gezwungen, zu gehen und zu rennen, und es klappte nicht. Es war nicht möglich, bei allem Wollen, bei aller Motivation, bei allem Zwang. Es braucht dazu die biologischen Grundlagen, damit eine Bewegung, damit Bewegungen wirklich durchgeführt werden können. Wir nennen das die biologische Bereitschaft. Danach sind aber auch das Üben, die Aktivität und die Erfahrung notwendig.

DURCH ÜBUNG ZUM AUTOMATISCHEN LERNEN

Was passiert da eigentlich im Gehirn, wenn trainiert wird, wenn Erfahrungen gemacht werden? Nun, aus der Sicht der Gehirnforschung ist die wichtigste Erkenntnis der letzten 20 Jahre die, dass unser Gehirn sich dauernd ändert. Früher dachte man, das Gehirn sei ziemlich langweilig, mit dem komme man auf die Welt, dann sterben Nervenzellen ab, aber ansonsten passiert da nicht viel. Diese Ansicht war falsch. Heute wissen wir, dass dauernd Nervenzellen nachwachsen. Und wir wissen vor allem, dass die vorhandenen Nervenzellen sich dauernd ändern. Zwischen den Nervenzellen, so ist inzwischen bekannt, existieren Verbindungen, über die elektrische Impulse auf chemischem Wege übertragen werden – es sind die schon erwähnten Synapsen.

Die Anzahl der Synapsen ist riesig, man geht von unzähligen Milliarden aus. Auf ein paar Milliarden weniger oder mehr kommt es dann auch nicht mehr an, es sind jedenfalls unglaublich viele Synapsen im Gehirn, von einer Größenordnung von einer Eins mit 15 Nullen dahinter. Was machen die nun alle? Fragt man Studenten, wofür Synapsen gut sind, bekommt man zum Teil keine Antwort. Auch bei Schülern erhält man keine Antwort, da wird dann immer von einer Erregungsübertragung gesprochen. Doch darum geht es nicht, das ist gar nicht der Punkt. Die Erregung könnte auch so weiterlaufen.

Warum also gibt es Synapsen, diese komischen Knubbel, bei denen elektrische Impulse auf chemischem Weg übertragen werden? Heute können wir klar sagen: Synapsen sind Strukturen, die sich ändern können, wenn sie benutzt werden. Dann wachsen sie, werden dicker und größer. Letztlich hat das den Effekt, dass ihre Stärke zunimmt. Das heißt: Läuft der gleiche Impuls über eine Synapse, die schon oft benutzt wurde, hat er einen stärkeren Effekt, als wenn er über eine Synapse läuft, die noch wenig benutzt wurde.

Unser Gehirn wird gebraucht, um die Augen zu öffnen, um wahrzunehmen, um zu denken, zu handeln, zu entscheiden. Unser Gehirn verarbeitet andauernd Informationen. Aber es geschieht hier nicht nur eine Informationsverarbeitung, sondern es passiert noch etwas Zusätzliches: eine Veränderung des Gehirns. Das Gehirn ist eine Hardware, wenn man so will, die sich permanent der Software, die auf ihm läuft, anpasst. So entstehen im Gehirn Spuren, Trampelpfade für Informationen, allein dadurch, dass diese Wege begangen werden. Und je öfter sie begangen werden, desto deutlichere Spuren entstehen.

Und was heißt das praktisch? Stellen Sie sich vor, Sie machen die Augen auf und sehen ein Wasserglas auf Ihrem Tisch stehen oder vor sich eine Kaffeetasse. Sie müssen nicht erst lange überlegen, was das für Dinge sind. Wenn Sie mit dem Finger oder einem Löffel daranklopfen, wissen Sie, wie das klingt, nach Porzellan oder Glas. Warum? Weil alle diese Informationen von den paar Lichtpunkten auf Ihrer Netzhaut abgerufen werden, weil ja von der Netzhaut die Impulse ins Gehirn gehen und dann automatisch Spuren entlanglaufen, die sie schon oft entlanggelaufen sind. Das können auch Ideen sein, Ideen, wie Glas klingt, auf eine bestimmte Weise, was man für bestimmte Dinge benutzen kann.

All dies wird automatisch aktiviert, weil dieses Wissen dazu in Ihnen gespeichert ist. Die Benutzung des Gehirns als Organ von Erleben und Erfahren bedeutet also in letzter Instanz, dass es sich ändert. Diesen Änderungsprozess nennen wir Lernen. Kinder spielen den ganzen Tag, besonders Zweijährige. Nun neigen wir dazu, Spielen und Lernen als etwas Gegensätzliches zu betrachten. Älteren Kindern sagen wir: »Also, jetzt wird erst noch ein bisschen gelernt, danach darfst du spielen.« Oder wir sagen: »Na ja, das Kind spielt im Kindergarten, aber irgendwann einmal beginnt der Ernst des Lebens, und dann wird was gelernt.«

Spielen und Lernen gehören zusammen

Im Grunde sehen wir Spielen und Lernen oft als Gegensatzpaare, und genau diese Auffassung ist bei Licht betrachtet vollkommen verkehrt. Warum? Wenn unser Gehirn sich ändert, wenn wir es gebrauchen, nun, dann ist ja wichtig, dass Situationen entstehen, in denen wir das Gehirn auch einsetzen. Und genau hier kommt das Spiel ins Spiel. Denn im Spielen werden dauernd Handlungen vollzogen, die nicht wirklich ernst gemeint sind. Wenn ich im Spiel mit jemandem kämpfe, verletze ich mich ja nicht. Aber natürlich kämpfe ich, und ich spiele auch meine Kraft aus und ich gucke auch, wie weit ich mit meinen Kräften komme. Aber es passiert nichts, denn ich kann das Spiel in jedem Moment wieder abbrechen. Wenn ich merke, jetzt reicht es mir.

Ein anderes Spiel: Das Kind spielt Familie, Vater und Mutter und Kind. Das machen Kinder ja ganz gerne. Warum? Weil hier Handlungen erprobt werden. Man wird, wenn man unbemerkt zuschaut, oft schmunzeln, weil die Kinder sich wie die Eltern verhalten, sie sind oft ein Abziehbild von Vater oder Mutter. Das ist wirklich zum Schmunzeln, aber nur bedingt. Denn wenn man seine eigenen Fehler als Eltern über das Kind gespiegelt bekommt, kann man sich fragen, ob man überhaupt alles richtig macht, so wie es jedenfalls beim Kind ankommt. Aber nochmals: Kinder spielen, und dabei lernen sie. Sie lernen und lernen und lernen. Ich habe hier nicht Lernspiele im Blick, das möchte ich betonen, weil das oft missverstanden wird. Es geht nicht um Lernspiele, wenn ich das Spielen und Lernen bei Kindern im Blick habe. Es geht auch nicht darum, dass man ihnen, wenn sie schon den ganzen Tag spielen, noch irgendetwas unterjubeln muss. Also den Zahlenraum von eins bis zehn oder das Alphabet. Entscheidend ist, dass Kinder beim Spielen alles Mögliche machen und damit probeweise handeln, wie sie mit sich und der Welt umgehen sollen und wollen. Genau das lernen sie im spielerischen Umgang mit den Dingen. Und genau deswegen sollen Kinder spielen, weil Spielen und Lernen im Alter von zwei Jahren keine Gegensätze sind, sondern im Grunde das Gleiche.

Man kann durchaus die Frage aufwerfen, was gutes Spielzeug für Kinder ist. Wenn Sie Kinder aufmerksam beobachten, etwa am Strand, dann fällt Ihnen vielleicht auf, dass ein zweijähriges Kind an diesem Strand von morgens bis abends beschäftigt ist, also den ganzen Tag. Wieso eigentlich? Nun, weil es überall etwas Interessantes vorfindet. Vielleicht läuft ein Krebs herum, es gibt Muscheln, den Sand kann man beliebig formen, man kann Sachen daraus bauen, man kann sich in ihm einbuddeln. Dann ist da noch das Wasser, mit dem man alles Mögliche tun kann. Die Spielmöglichkeiten an einem Strand sind für ein zweijähriges Kind unendlich. Es kommt nicht auf die Komplexität des Spielzeugs an und darauf, dass es ein buntes und lautes Spielzeug ist, denn Stimulation ist nicht bunt und auch nicht laut. Stimulation ist die Welt, und zwar eine Welt in all ihrer Fülle. Eine Welt, die aus allen möglichen Dingen besteht, und seien es nur Kieselsteine, Sand oder Wasser. All diese Dinge sind nämlich unglaublich vielfältig und für ein zweijähriges Kind eine optimale Umgebung. Kinder brauchen Welt, die Fülle von Welt.

DAS ERSTE WORT

Gegen Ende des ersten Lebensjahrs eines Kindes wird mit größter Ungeduld erwartet, wann das erste Wort gesprochen wird, ob es ein »Mama« oder ein »Papa« wird. Das sind die immerwährenden Auseinandersetzungen. Es ist im Allgemeinen so, dass mit zwölf Monaten etwa das erste Wort gesprochen wird. Das kann schon früher sein, aber das tritt nur bei 20 Prozent aller Kleinkinder auf, 30 Prozent sprechen im zwölften Monat das erste Wort aus. Das nimmt dann in den nächsten drei Monaten zu, da erhöht sich die Zahl der Wörter auf sechs. Das scheint wenig zu sein, also von eins auf sechs, aber wenn man bedenkt, dass ein Kind fünfmal mehr Wörter versteht, als es spricht, ist das schon ein wahrhaft großer Wortschatz, den das Kind entwickelt hat.

Der aktive und der passive Wortschatz haben natürlich einen großen Effekt auf die Beziehung des Kindes zu seiner Umgebung. Es wird in der Folge noch mehr aufnehmen und mitteilen können, was wiederum mit den im Sprachzentrum stattfindenden Entwicklungen zusammenhängt. Die Nervenzellen werden besser vernetzt, die Sprachzentren besser miteinander verbunden. Und das ermöglicht dann einen noch größeren Sprachschatz. Auch dazu ist zu sagen: Worte sind ja letztlich Symbole von Gegenständen. Und es ist kein Zufall, dass in diesem Alter Kinder beginnen, Gegenstände anders zu verwenden. Ein Bauklotz kann so ein Symbol für ein Auto sein. In diesem Alter, also zwischen 12 und 15 Monaten, kann ein Kind zum Beispiel einen Bauklotz nehmen, damit am Tisch herumfahren und »Brrbrrbrr« sagen. Das ist eine enorm wichtige Fähigkeit des Kindes, Symbole zu gebrauchen und sich über sie in der Welt zurechtzufinden.

Aber die große Sprachexplosion, bei der die Kinder über viele Wörter verfügen, viele Wörter verstehen, auch schon kleine Sätze bilden können als eine enorme Zunahme ihrer Kommunikationsmöglichkeiten, beginnt erst um den 18. Lebensmonat. Und auf das werde ich noch zurückkommen.

EXPLOSION IM SPRACHZENTRUM

Für die Sprachexplosion ist von Bedeutung, dass die Kinder mit Sprache und mit Welt gleichzeitig umgehen. Es gibt Netzwerk-Modell-Simulationen, die zeigen, wie wichtig das Benennen der Dinge einerseits und das Umgehen mit ihnen andererseits für Lernprozesse ist. Am Beispiel einer Tomate kann man das verdeutlichen: Ich kann eine Tomate in die Hand nehmen und damit werfen, ich kann sie essen, ich kann Ketchup aus ihr machen. Mit anderen Worten: Ich kann alles Mögliche mit einer Tomate anstellen, ein Ding, das ich zugleich »Tomate« nenne. So lerne ich, dass es so etwas wie eine Tomate gibt, dass es ganz unterschiedliche Tomaten gibt, die aber eine Gemeinsamkeit haben: Es sind alles Tomaten, auch wenn sie diese oder jene Eigenschaften haben, die nicht bei allen Tomaten vorzufinden sind, auch wenn sich diverse Möglichkeiten auftun, mit ihnen umzugehen. Und all das lerne ich nur im Umgang mit den Dingen, also nicht dadurch, dass ich eine Tomate vor mir auf dem Tisch liegen habe und einzig denke: Das ist eine Tomate.

Sprechen wird nicht durch das Betrachten einer Tomate gelernt. Erst im Umgang mit den Dingen und im Benennen dieser eigne ich mir die Welt an. Die Explosion findet dann dadurch statt, dass die Gebiete, mit denen im Gehirn das Handeln und Benennen aktiviert wird, eng miteinander verbunden sind. So entsteht eine Landkarte von Wörtern, eine Landkarte von Gedanken zu den Wörtern sowie eine Landkarte von Aktionen, die zu den Wörtern und Gedanken passen. Weiterhin habe ich eine Landkarte von Klängen, die wiederum mit den Wörtern verbunden sind. Und diese Karten sind zweidimensional, auf ihren Flächen befinden sich Neuronen, die für bestimmte Aktivitäten zuständig sind.

Nervenzellen liegen nebeneinander, wenn sie für ähnliche Dinge zuständig sind. Und Nervenzellen, die für Dinge zuständig sind, wo es keine so großen Gemeinsamkeiten gibt und die aus diesem Grund nicht so häufig benutzt werden, liegen weiter weg, mehr am Rand. Dadurch haben die Dinge, mit denen wir häufig umgehen, mehr Platz auf den einzelnen Landkarten. Und die Dinge, mit denen wir kaum umgehen, erhalten weniger Raum. Spannend ist, dass diese Karten, diese Hirnregionen sich Informationen dauernd gegenseitig zuschieben und dadurch beeinflussen. Durch dieses Hin und Her entsteht das Explosionshafte bei der Sprachentwicklung.

Kinder lernen irgendwann alle 90 Minuten ein neues Wort. Machen Sie ihnen das erst mal nach. Zweijährige schaffen das ganz locker, ohne zu büffeln, ohne zu pauken, einfach, indem sie mit der Welt umgehen und dabei die Sprache üben, weil wir mit ihnen reden. Geschieht das gleichzeitig, klappt die intellektuelle Entwicklung der Kleinen sehr gut. Sie brauchen genau diesen Umgang mit der Welt, denn es reicht nicht, beim Spracherwerb nur die Ohren offen zu halten und ganz vieles zu hören.

Dass Hören allein nicht zum Spracherwerb führt, zeigt eine Studie aus dem Jahr 2007, bei der man untersucht hat, was dem Spracherwerb von Kindern im zweiten Lebensjahr förderlich ist. Um das herauszufinden, haben US-amerikanische Wissenschaftler sich sehr viel Mühe gemacht. Sie haben die Eltern von über tausend kleinen Kindern angerufen und sie nach allen Regeln der Kunst befragt: »Sagt, was macht ihr so mit euren Kleinen den ganzen Tag?« Das, was die Eltern erzählten, wurde genau dokumentiert, etwa: täglich vorlesen, täglich Geschichten erzählen oder zwei- bis dreimal die Woche musizieren. Einige Eltern sahen mit ihren Kleinen sogar fern. Bei Nachfrage erfuhr man, dass sie gemeinsam Baby-TV anschauten. Oder Baby-DVDs, denn dadurch sollten die Kleinen besonders schlau werden. Viele Eltern glaubten das, weshalb sie die auch gekauft hatten.

All die erfassten Daten gab man anschließend in einen Computer ein. Es waren auch Daten darunter, die die sprachliche Entwicklung der Kinder erfasste, welches Kind in welchem Alter welche Wörter gelernt hatte. Da es nicht so viele sind, kann man sie einzeln abfragen. Und genau das wurde in der Studie gemacht, wohlgemerkt bei insgesamt über tausend Kindern.

Dieser sehr leistungsstarke Computer wurde dann unter anderem so programmiert, dass er einer Frage nachgehen musste: Gibt es im Umgang der Eltern mit ihren Kindern etwas, was sich positiv auf die Sprachentwicklung auswirkt? Gibt es Dinge, die sich negativ auf die Sprachentwicklung auswirken? Bei der Auswertung zeigte sich, dass tägliches Vorlesen gut für die sprachliche Entwicklung von Kindern ist. Kinder, denen man täglich vorliest, verfügen tatsächlich über einen größeren Wortschatz. Sie sind in ihrer sprachlichen Entwicklung im Vergleich zu ihren Altersgenossen weiter, denen man nicht täglich vorgelesen hat. Das ließ sich von Monat zu Monat nachweisen.

Bunt und laut muss es sein

Es gab aber noch einen weiteren Effekt, der nicht minder signifikant war: Tägliches Schauen von Fernsehsendungen oder Kinder-DVDs wirkt sich negativ auf die Sprachentwicklung aus, und zwar so massiv, dass nicht einmal tägliches Vorlesen diesen Effekt ausgleichen könnte. Anders gesagt: Die Benutzung von Bildschirmmedien führt dazu, dass sich die Sprache doppelt so schlecht entwickelt, wie sie sich beim täglichen Vorlesen gut entwickelt. Warum eigentlich? Im Fernsehen oder auf den DVDs wird doch auch geredet, da ist doch auch einiges los, da ist es bunt und laut. Das stimmt, aber es fehlt hier die wirkliche Welt.

Kinder brauchen es nicht nur bunt und laut, für sie ist eine Welt wichtig, die man neben dem Hören auch anfassen, riechen und schmecken kann. Hören und Sehen müssen zusammenpassen, es ist zu einseitig, wenn einzig ein bunter Bilderbrei und ein lauter Tonbrei auf Augen und Ohren einprasseln. Passen alle Sinne zusammen, ist ein ganzheitliches Lernen gegeben. Kinder lernen durch ihre Umgebung, mit allen Sinnen gleichzeitig, und genau das müssen sie auch tun, um sich die Welt aneignen und sie begreifen zu können.

Kinder in jungen Jahren, mit einem Jahr oder mit zwei Jahren, vor einen Bildschirm zu setzen, führt dazu, dass man sie der Lernerfahrungen, die für ihre Entwicklung entscheidend sind, beraubt. In dieser Stunde vor dem Fernseher oder einer DVD könnten die Kinder etwas anderes tun, nämlich mit der Welt umgehen. Genau das tun sie aber nicht, und dann lernen sie nicht so viel. Wichtig ist, dass dieser Effekt völlig unabhängig vom Programm ist. Es kommt also nicht darauf an, dass ein Kind die richtigen Sendungen sieht. Es kommt darauf an, dass es bis zur Vollendung des zweiten Lebensjahrs überhaupt keine solche Medien konsumieren sollte, weil ein solcher Konsum in diesem jungen Alter prinzipiell nicht das bietet, was ein Kind zum Lernen braucht.

Das steht jedoch in einem krassen Widerspruch zur Realität, denn bis zum Ende des zweiten Lebensjahrs haben über 90 Prozent der Kinder Erfahrungen mit diesen Medien gemacht, haben oftmals auch schon DVDs selbst eingelegt, Fernbedienungen benutzt, das Videoprogramm mit ausgesucht. Viele haben mit zwei Jahren schon rund 90 Minuten täglich vor dem Fernseher gesessen. Sinnvoll ist das keineswegs, denn das beeinträchtigt die intellektuelle Entwicklung der Kinder.

Meilensteine der Entwicklung

Zu Beginn des zweiten Lebensjahrs vergrößert sich die Welt des Kindes rasch, sowohl seine innere, geistige Welt als auch die äußere Welt, die Umwelt. Man könnte diesen Drang, die Welt erobern und verstehen zu wollen, als charakteristisch für das zweijährige Kind bezeichnen. Die Nervenleitung funktioniert jetzt schneller dank der Isolierschicht Myelin, die inzwischen die Zellen umgibt. In der Folge lernt das Kind immer besser laufen, springen, greifen, vorausgesetzt, es hat die Möglichkeit, all diese Fähigkeiten zu üben.

Für Eltern ist das zweite Lebensjahr eine turbulente, spannende und oft auch an den Nerven zehrende Zeit. Das Kind will die Welt entdecken, will an die Grenzen gehen. Dass es dabei permanent Rückschläge erlebt, dass auf diesem steinigen Weg des Lernens so manches zu Bruch geht, ist verständlich. Alles in der Wohnung, mit dem sich das Kind verletzen könnte, muss daher weggesperrt oder verbarrikadiert werden. Ein Verbot, ein energisches Nein hilft im Allgemeinen nichts. Die Steckdose? Wieso nein? Die Küchenschublade – etwa auch ein Nein? Was mag da wohl darin verborgen sein? Und wieso darf ich das Messer nicht haben? Noch kann das Kind nicht zwischen gefährlich und harmlos, zwischen erlaubt und verboten unterscheiden. Was gut und was böse ist, all das muss gelernt werden und all das will und wird der kleine Entdecker oder die kleine Entdeckerin in den folgenden Monaten mit Bewegungsdrang und Neugierde herausfinden.

KATEGORIENBILDUNG – LERNEN ZWISCHEN DEM 15. UND 18. MONAT

Zwischen dem 15. und 18. Monat entwickelt sich eine Fähigkeit, die für das Weiterlernen von großer Bedeutung ist. Für ein Kind in diesem Alter ist die Umwelt ein weites Feld und ziemlich komplex, unendlich viele Dinge strömen auf es ein. Um damit zurechtzukommen, muss es für eine gewisse Ordnung sorgen, Struktur in dieses Chaos hineinbringen. Der Weg, den es wählt, ist die Bildung von Gruppen. Gemeint sind Gruppen, die Ähnlichkeiten aufweisen und sich von Gruppen, die andere Ähnlichkeiten haben, unterscheiden. Solche Gruppen können Tiere oder Menschen sein, Autos oder Flugzeuge – wir nennen sie Kategorien.

Kategorien werden schon früh gebildet. Eine Beobachtung hilft, das zu erkennen: Legt man einem Kind eine Handvoll Steine auf den Tisch und sagt: »Kannst du mir sagen, welcher Stein der Papa-Stein, welcher der Mama-Stein und welcher der Baby-Stein ist?« Für Kinder im Alter zwischen 15 und 18 Monaten sind die größeren Steine Papa-Steine, die kleineren Mama-Steine und die ganz kleinen die Baby-Steine. Das sind ganz typische Kategorien. Interessanterweise können diese Kinder dann auch zwischen Tieren, die fliegen, und Tieren, die nicht fliegen können, unterscheiden. Bei der Kategorienbildung wird das in Gruppen eingeteilt, was ähnlich ist und was nicht. So findet ein Kind einen Weg, wie man angesichts der großen Vielfalt, der man in der Welt ausgesetzt ist, eine Übersicht erlangt.

Eine besonders wichtige Kategorie ist die Unterscheidung von dem eigenen Ich und den anderen. Damit entwickelt sich das Bewusstsein. Es handelt sich hierbei um kein Erwachsenenbewusstsein, aber es ist ein Gewahrwerden, dass man anders ist als die anderen. Dieser Schritt ist eine wichtige Voraussetzung dafür, dass ein Kind seine Leistungen einschätzen kann. Es ist in der Lage, die anderen zu beobachten, sich zu vergleichen mit den anderen. Mit dieser Fähigkeit beginnt es, eine eigene Persönlichkeit aufzubauen.

Ordnung durch Regeln

Kinder beginnen sehr früh, allgemeine Regeln hinter einzelnen Ereignissen aufzuspüren und abzuspeichern. Experimente haben ja gezeigt, dass Kinder mit sieben Monaten bereits grammatische Strukturen, also allgemeine Regeln, die in sprachlichen Äußerungen stecken, erkennen und in sich aufnehmen. Babys mit sieben Monaten lernen also schon allgemeine Regeln in Sprachstrukturen, und das müssen sie auch, weil das Sprechenlernen richtig schwierig ist. Beim Laufenlernen muss man bloß ein paar Regeln aus einzelnen Plumpsern herausdestillieren, beim Sprechenlernen sind unglaublich viele Parameter zu erfassen, letztlich das ganze Regelwerk der Grammatik einer Muttersprache.

Nehmen wir Deutsch als Muttersprache. Die deutsche Grammatik ist kein dünnes Buch, da stehen lauter verrückte Sachen darin, unglaublich viele Sonderfälle. In der siebten, achten Klasse hat man von ihnen gehört, und Sie werden sicher sagen: »Um Gottes willen, das habe ich alles vergessen.« Eigentlich haben Sie die allgemeinen Regeln, wie man Worte benutzt, nicht vergessen, und Sie wurden auch nicht erst in der siebten Klasse damit konfrontiert, sondern schon im Kindergarten, kurz bevor Sie zur Schule kamen.

Warum kann ich behaupten, dass Sie das grammatikalische Regelwerk zu Ende Ihrer Kindergartenzeit konnten? Ganz einfach: Sie hätten sonst nicht sprechen können. Aber die meisten Kinder können sich im sechsten Lebensjahr ziemlich fehlerfrei in ihrer Muttersprache unterhalten. Ein Beispiel für meine Behauptung: Nehmen wir meine Lieblingsregel, was die deutsche Grammatik betrifft. Sie ist meine Lieblingsregel, weil sie kaum einer kennt. Die Verben, die auf »-ieren« enden, bilden ihr Partizip Perfekt ohne »ge-« am Anfang. Jetzt werden Sie sagen: »Was ist denn das für eine komische Regel?« Nun, Sie haben sich heute Morgen im Bad nicht »gerasiert«, sondern nur rasiert. »Ich habe mich rasiert.« Oder Sie sind im Wald, da sind Sie nicht entlanggespaziert, sondern nur entlangspaziert. Es gibt ein paar Ausnahmen von dieser Regel, aber bei den meisten Verben, die auf »-ieren« enden – siehe »rasieren« oder »entlangspazieren« – ist sie anzuwenden.

Diese Regel haben Sie im Kopf. Sie werden jetzt einwenden: »Moment, ich habe sie überhaupt nicht im Kopf, diese Regel kenne ich überhaupt nicht, davon habe ich noch nie gehört.« Sie könnten aber auch sagen: »Ja, als mein Papa früher morgens aus dem Bad kam, hat er immer gesagt: ›Jetzt habe ich mich rasiert.‹ Und das habe ich aufgeschnappt, habe ›rasiert‹ abgespeichert, und ordentlich, wie ich bin, habe ich noch einen Infinitiv hinzugenommen: ›rasieren‹«. Ich habe so eine Art Tabelle im Kopf, wie ich Wörter verwenden muss, wenn ich das Partizip brauche.«

Haben Sie eine Excel-Tabelle im Kopf oder haben Sie die allgemeine Regel im Kopf: »Verben auf ›-ieren‹ bilden ihr Partizip Perfekt ohne ›ge-‹«? Die Antwort: Sie haben keine Excel-Tabelle im Kopf, sondern die allgemeine Regel. Die Sie nicht kennen, klar. Doch ich behaupte etwas anderes. Unser Unterbewusstsein beherrscht diese Regel. Um Sie zu überzeugen, ist ein kleines Experiment erforderlich, das ich Ihnen kurz beschreibe. Das kann man mit Ihnen machen, das kann man auch mit Kindergartenkindern machen. Es geht bei diesem Experiment um das Beugen von Wörtern, die es gar nicht gibt. Achtung: Zwerge sitzen beieinander und quangen, und am nächsten Tag sagt einer der Zwerge: »Gestern war es eigentlich ganz schön, denn wir haben wieder so richtig schön – na? – gequangt.« Ein paar Tage später sitzen die Zwerge wieder beieinander, und diesmal patieren sie, und der einer der Zwerge sagt am nächsten Tag: »Ja, es war gestern wieder so schön, denn wir haben ja mal so richtig patiert.« »Gequangt«, aber »patiert«, weil »quangen« und »patieren«. Geben Sie zu, das hätten Sie auch so gemacht. Das machen nämlich alle so. Gleichsam aus dem Bauch heraus. Was aber nicht stimmt, denn der Bauch denkt nicht, es ist das Gehirn, das denkt.

Im Gehirn haben Sie eine Regel abgespeichert, nicht als konkrete Regel, die Sie aufsagen können, aber so, wie man beim Laufen immer die Gravitationskonstante und die Hebelgesetze anwendet, weil man sich ihrer beim Laufenlernen bewusst wird, so haben Sie grammatikalische Regeln gelernt, als Sie zu sprechen anfingen. Sie haben sie nicht als Regeln versprachlicht, aber Ihr Gehirn hat diese Regeln in sich abgebildet. Und um das herauszufinden, nehmen Sie ein Wort, das es nicht gibt, und erfinden einen Kontext, in dem man eine Regel für das Wort anwenden muss. Sie werden sehen, es klappt. Und es klappt mit allen Regeln der deutschen Grammatik. Und es klappt auch mit Kindergartenkindern. Daraus folgt, dass Kindergartenkinder, kurz bevor sie zur Schule gehen, sämtliche Regeln der deutschen Grammatik im Kopf haben.

Wie sind diese Regeln ins Gehirn gelangt? Das Kind hat es nicht von allein geschafft, es hat sie auch nicht von jemand anderem durch Nachahmen übernommen. Passiert ist es, weil wir mit den Kindern geredet haben. Das Reden und der Umgang mit den Dingen hat bewirkt, dass diese Regeln in den Köpfen der Kinder entstanden sind und sich durch permanenten Gebrauch verankert haben.

Meilensteine der Entwicklung

Einjährige Kinder können kaum mehr als fünf oder sechs Wörter sprechen, manche beherrschen schon zehn, und andere bringen gerade »Mama« über die Lippen. Nur zwölf Monate später benutzen dieselben Kinder 400 bis 500 Wörter, um aktiv zu kommunizieren. Sie verstehen sogar noch mehr Wörter, rund 2000.

Bei den meisten Kindern vollzieht sich die große Sprachexplosion im Lauf des zweiten Lebensjahrs. Dafür gibt es einen neurobiologischen Grund, er hat vor allem mit der Vernetzung der beiden Hirnhemisphären zu tun. Plakativ formuliert: Die linke Hirnhälfte stellt das Lexikon dar, hier wird das Wort verarbeitet. Die rechte Hirnhälfte liefert das Bild dazu. Auf diese Weise kommt im zweiten Lebensjahr zum Wort das Bild. Das gelingt, weil die beiden Hirnhälften über den sogenannten Gehirnbalken miteinander verbunden sind. Sobald Kinder einen Wortschatz von 50 bis 100 Wörtern haben, bauen sie diese zu Äußerungen zusammen, die zwei Worte beinhalten: »Milch haben« oder »Mama hoch« oder »Papa tschüss«. Einem Zweijährigen, einer Zweijährigen helfen diese sprachlichen Fähigkeiten, die sozialen Kontakte auszudehnen und die Welt verstehen zu lernen. Kinder genießen es, sich in den Klang von Sprache einzufühlen; das unaussprechliche »Auto« wird zum frohen »Tütü«, der noch nicht artikulierte »Hund« zum »Wauwau«, die Ente zu »Gag Gag«. So bekommt alles in der Welt schrittweise einen Namen und damit einen Sinn.

BROKKOLI UND DAS URSACHE-WIRKUNG-PRINZIP

Im Alter von 15 bis 18 Monaten beobachten wir ein sehr interessantes Phänomen. Das Kind beginnt, nicht nur an sich zu denken, sondern auch an das, was andere empfinden können, was für andere wichtig ist. Sehen 14 Monate alte Kinder, wie eine andere Person gerne Brokkoli isst, Kekse aber nicht so mag, und fragt man dann diese Kinder, was man dieser Person zu essen geben würde, werden sie ihm Kekse geben – weil sie selbst Kekse mögen. 18 Monate alte Kinder würden dieser Person Brokkoli vorsetzen. Sie haben gelernt, nicht nur von sich aus auf andere Menschen zu schließen. Sie sind in der Lage, sich in andere Menschen zu versetzen. Diese Fähigkeit haben sie den Spiegelneuronen zu verdanken, aber auch einem Gefühlssystem, genannt das limbische System, das es ermöglicht, nicht nur direkte Beobachtungen, sondern auch Gefühle zu registrieren und darauf zu reagieren.

Kinder in diesem Alter lernen, wie sie Einblicke in andere Menschen bekommen, wie die Verhaltensweisen anderer Menschen zu deuten sind. Entsprechend stellen sie sich darauf ein. Sie reichen Brokkoli, obwohl sie selbst viel lieber Kekse mögen, aber sie haben beobachtet, dass diese andere Person eben gern Brokkoli isst. Dafür sind die schon vorher erwähnten Spiegelneurone wichtig, denn Spiegelneurone helfen nicht nur, andere zu imitieren, sie helfen auch, deren Absichten zu erfassen und zu erahnen.

Wenn ein Kind eine Person beobachtet, geht es ihm nicht nur darum, was dieser Mensch in einem bestimmten Moment macht, sondern es möchte auch erfassen, mit welcher Intention sie eine Sache ausführt. Um dahinterzukommen, ist es jedoch notwendig, etwa den Gesichtsausdruck des anderen zu deuten zu können. Auf diese Weise wird ihm eine Form der Empathie ermöglicht, ein Verständnis des anderen. Ein Beispiel aus meinem eigenen Leben: Zum Frühstück trinke ich sehr gerne Tee, gerade der letzte Schluck in der Teetasse ist mir wichtig, ich freue mich immer darauf. Meine Kinder wussten das, und bald gelangten sie zu der Ansicht, da könne man doch etwas machen. Sie haben dann diesen letzten Schluck selbst getrunken. Ich hatte nichts davon gemerkt, war durch etwas anderes abgelenkt, und als ich diesen letzten Schluck trinken wollte, sagte ich: »Und jetzt kommt noch der beste, der letzte Schluck.« Ich führte die Tasse zum Mund, wollte trinken, doch vergeblich. Meine Enttäuschung löste natürlich die allergrößte Heiterkeit aus.

Der Scherz zog sich über Wochen hin und zeigte mir, dass Kinder sich sehr gut in einen anderen Menschen hineindenken können. Kinder erkennen den engen Zusammenhang zwischen Ursache und Wirkung, was sie zu neuen Erfahrungen bringt. Wenn sie etwas tun, haben sie eine Erwartung, nämlich dass dieses Tun eine Wirkung hat. In diesem Fall werden sogenannte Erwartungsneurone aktiviert. Sie haben sich darauf spezialisiert, dass der Mensch erkennt, dass eine Ursache eine erwartete Wirkung hat und dass dies für Kinder eine große Bedeutung hat.

Noch wissen wir nicht viel über diese Erwartungsneuronen. Wir können nur sagen, dass sie ein wichtiger Teil des Prinzips von Ursache und Wirkung im Gehirn sind. Ein Beispiel dafür ist der Spaß von Kindern, einen Schalter zu drücken und zu sehen, dass dadurch das Licht angeht. Oder einen Wasserhahn aufzudrehen und zu verfolgen, wie plötzlich Wasser aus ihm herausläuft. Sie erleben so immer und immer wieder, dass ihre Handlungen Konsequenzen haben, und das ist entscheidend beim Lernen. Denn damit zeigen sie, dass ihre Person auch wirklich etwas bewirken kann.

HEIMKINDER UND KRIPPENPLÄTZE

Besonders deutlich wird das, wenn man sich anschaut, was passiert, wenn das Hineindenken in andere nicht ausgebildet wird. In Rumänien gibt es über 30 000 Heimkinder, und in diesen Heimen, in denen sie untergebracht sind, wird nicht viel mit ihnen gemacht. Es wird darauf geachtet, dass die Kinder sauber und satt sind, aber ansonsten bietet man ihnen nicht viele Möglichkeiten, mit der Welt umzugehen, sie sich anzueignen. Was das für Auswirkungen für die geistige Entwicklung der Kinder hat, wiesen US-amerikanische Wissenschaftler in einer Studie nach, die 2007 publiziert wurde. Die Forscher folgten einer Einladung rumänischer Behörden, Ziel war es, ein Adoptions- beziehungsweise Pflegefamilienprogramm zu schaffen. Für ihre Untersuchung haben die Amerikaner erst einmal 180 Kinder in die engere Wahl genommen und sie sehr gründlich medizinisch untersucht. Am Ende blieben knapp 140 Kinder übrig.

Bei diesen 140 Kindern wurde ein Losverfahren angewandt, einige von ihnen sollten weiter im Heim leben, andere kamen in eine Pflegefamilie. Das Losverfahren deshalb, weil so eine Entscheidung nach bestimmten gesundheitlichen Kriterien ausgeschlossen wurde. Bevor ich weiter auf die Studie eingehen möchte, stellt sich bei diesem Vorgehen unweigerlich die Frage: Darf man das? Darüber haben sich einige Menschen Gedanken gemacht, auch ich. Aber bevor ich darüber eine ethische Diskussion führe: Es existieren heute spezielle Richtlinien für solche Situationen, und wenn man diese Richtlinien befolgt, so ist zu sagen: Ja, man darf das. Die wichtigste Richtlinie lautet, dass niemand dabei einen Schaden erleidet.

Bei dem Vorgehen der US-amerikanischen Wissenschaftler war es so, dass man manchen Kindern vielleicht etwas Gutes angedeihen ließ, wenn man sie in einer Pflegefamilie unterbrachte, manchen Kindern womöglich weniger Gutes, wenn sie im Heim blieben. Es gab damals in Rumänien aber auch Stimmen, die der Meinung waren, dass es besser sei, die Kinder im Heim zu belassen, dort wären sie ordentlich versorgt, das könne man in einer Familie nicht genau wissen, dort könnten sie auch verwahrlosen. Heimkinder könnten durchaus Vorteile haben. Aber wollte man nicht genau das herausfinden?

Das Resultat der Studie: Die Kinder, die an ihr teilgenommen hatten, waren zwischen 42 und 54 Monate alt. Bei einer Nachuntersuchung stellte man fest, dass Kinder im Alter von zwei Jahren wesentliche Schritte in ihrer Entwicklung machten, wenn sie in einer Familie lebten. Mit anderen Worten: Kamen Kinder vor Beendigung des zweiten Lebensjahrs in eine Pflegefamilie, war die intellektuelle Entwicklung deutlich besser, als wenn man damit bis nach Vollendung des zweiten Lebensjahrs gewartet hätte. Die Effekte waren so deutlich gewesen, dass die rumänische Regierung mittlerweile ihre Gesetze geändert hat: Heimkinder sollen seitdem vor Beendigung des zweiten Lebensjahrs nicht mehr in einem Heim untergebracht sein, sondern in eine Pflegefamilie integriert werden. Es hatte sich durch die Studie gezeigt, dass so ein wichtiges Entwicklungsfenster nicht ganz zugeschlagen wird, das offensichtlich vor Vollendung des zweiten Lebensjahrs noch relativ weit offen ist.

Die Ergebnisse der Untersuchung passen zu dem, was wir über die Entwicklung des Gehirns und über die psychologische Entwicklung von kleinen Kindern wissen. Gerade im zweiten Lebensjahr wird so unglaublich viel gelernt, und aus diesem Grund müssen Lernmöglichkeiten gegeben sein, die in rumänischen Heimen nicht wirklich vorliegen, nicht so gut gegeben sind wie in einer Pflegefamilie, wo ein Miteinanderumgehen und ein Umgehen mit der Welt viel stärker ausgeprägt sind.

Was heißt das für uns? Manch einer würde die Studie gern als Beleg dafür nehmen, dass wir keine Krippenplätze brauchen, keine einrichten sollten. Ist das richtig? Nein. Bei Krippenplätzen geht es nicht darum, dass sie vergleichbar wären mit rumänischen Verhältnissen. Kindergärten, selbst für die Kleinsten, bestehen nicht aus Wickeltischen und einem montierten Warmwasseranschluss. Wir sorgen in unseren Kindergärten dafür, dass jedes Kind die Umgebung vorfindet, die es für seine körperliche und geistige Entwicklung braucht. Und wenn beide Eltern berufstätig sein müssen, weil die Familie sonst wirtschaftlich nicht über die Runden kommt, ist es wichtig, dass das Kind tagsüber Ansprache hat. Dass es sich in einer Gemeinschaft befindet. Dass es eine spannende Umwelt hat. Eine gute Kindertagesstätte kann diese Entwicklung bieten, wenn wir darauf achten, dass in ihnen nicht nur darauf geachtet wird, dass die Kleinen nur satt, sauber und trocken sind. Ein Kind braucht die ganze Welt, um sie sich anzueignen.

BEDEUTET EIN NEIN IMMER OPPOSITION?

Als Kinderarzt werde ich oft gefragt, was es denn bedeutet, wenn Kinder mehr und mehr zu den Vorschlägen, die man als Eltern macht, Nein sagen. Ein Beispiel: Eltern sagen: »Zieh deine Handschuhe an, wenn du rausgehst«, und das Kind sagt: »Nein.« Häufig wird das von Eltern als direkte Opposition aufgefasst. Man kann es aber auch anders sehen, denn dieses Verhalten könnte auch mit dem aufkeimenden Denken von Ursache und Wirkung zusammenhängen. Das Kind will herausfinden, was geschieht, wenn es Nein sagt. Was ist der Effekt meiner Handlung? Ein solches Vorgehen ist nicht unbedingt immer nur Opposition. Das Kind will wissen, was geschieht, wenn ich etwas nicht tue. Es verneint nicht, weil es etwas nicht will, sondern es interessiert sich dafür, welche Wirkung dieses Nein hat.

Gegen Ende des ersten Jahres hat das Kind die Tendenz, danach zu schauen, wie die Mutter oder der Vater das kommentiert, was es so macht. Wieder sind wir in der Küche, kein Spielplatz ist so toll wie dieser Ort. Das Kind räumt einen Schrank aus, blickt sich aber immer wieder nach dem anwesenden Elternteil um. Findet Vater oder Mutter gut, was man da so treibt, oder eher nicht? Entsprechend wird das Kind reagieren. Es erfährt erste Anfänge von einem Denken, was richtig oder was falsch sein könnte.

Nähert sich das zweite Jahr dem Ende zu, weiß das Kind schon ohne die Mutter oder den Vater, was richtig und was falsch ist. Es wird also seine Handlungen danach richten. Der Beginn moralischen Verhaltens zeichnet sich hier ab, die Unterscheidung von

Richtig und Falsch, ohne dass das Kind von Autoritätspersonen kontrolliert wird. An diesem Beispiel ist deutlich zu sehen, dass die Quelle moralischer Vorstellungen die Eltern sind. Sie geben dem Kind klare Hinweise, welche Handlungen gut und welche weniger gut sind.

Für die Entwicklung von Moralvorstellungen sind aber auch biologische Veränderungen des Gehirns notwendig. Hier spielt das Stirnhirn eine wichtige Rolle, das direkt über den Augen liegt und eine Art Kontrollfunktion über das Verhalten von Menschen hat. Es steht in Verbindung mit dem Gefühlssystem, das auf der Empfindungsebene anzeigt, was gut und was weniger gut ist, was falsch und richtig ist. Die sich in dieser Zeit verstärkende Verbindung zwischen Stirnhirn und Gefühlssystem ist eine grundlegende Voraussetzung für die Entwicklung moralischer Vorstellungen. Ich möchte aber zugleich betonen, dass das Stirnhirn nicht ein Moralzentrum ist. Es ist ein Koordinationszentrum, das all diese Verbindungen zusammenbringt und integriert – nicht mehr und nicht weniger.

Vielfach ist von Werteerziehung die Rede und man meint damit, dass die Kinder im Kindergarten und in der Schule nicht nur lernen sollen, wie man mit Zahlen umzugehen hat und wie das Alphabet funktioniert, wie man rechnet, schreibt und liest und die Dinge naturwissenschaftlich betrachtet. Nein, sie sollen auch lernen, wie man sich benimmt, wie man handelt. Sie sollen darüber Bescheid wissen, was das Gute und das Böse ausmacht.

Doch wie lernt man, was gut und was böse ist? Bestimmt nicht, indem man Kindern Predigten hält oder Regeln mit ihnen diskutiert. Nein. Kinder haben ja auch nicht die Grammatik gelernt, indem sie grammatische Regeln auswendig gelernt haben. Die Gehirne der Kinder haben dadurch Grammatik gelernt, dass sie einen Sprach-Input bekommen und sich mit der Welt sprachlich auseinandergesetzt haben. Genauso lernen Kinder, was gut ist und was böse. Sie lernen nicht die Regeln, sondern die Regeln werden hervorgebracht anhand von entsprechenden Erfahrungen. Das kann durchaus schnell gehen, da diese Erfahrungen oft emotional aufgeheizt sind. Denn Bewertungen sind immer auch emotional. Lege ich die Hand auf die heiße Herdplatte, mache ich das genau einmal, danach weiß ich, dass ich das nicht noch einmal mache. Dazu muss ich nicht stundenlang Synapsen trainieren.

Warum ist das so? Das hat damit zu tun, dass wir ein emotionales System haben, das schon erwähnte limbische System, ein Komplex aus mehreren Strukturen, das entsprechende Signale liefert. »Das ist gut und das ist schlecht.« Und diese Signale bilden auch Erfahrungen, die wiederum vom Gehirn, von der Gehirnrinde weiterverarbeitet werden, sodass auch davon Spuren entstehen. Ich muss gar nicht mehr wiederholt die heiße Herdplatte anfassen, um mich immer wieder zu vergewissern, dass das nicht so optimal ist. Ich habe es einmal gemacht, das hat gereicht, da hat sich eine Spur in meinen Mandelkern hineingefressen: »Mach das ja nicht wieder, das tut sehr weh.« Und aus diesem Grund mache ich es auch nicht mehr. Und genau auf diese Weise lerne ich andere Dinge zu tun oder nicht zu tun, einfach dadurch, dass ich handle. Und dann sehe, was passiert. Aber auch dadurch, indem ich anderen zugucke, wie sie sich gegenüber anderen verhalten, und beobachte, was mit allen Beteiligten passiert.

Folgt man dieser Sichtweise, können Kinder irgendwann einmal, vermutlich nach dem vollendeten zweiten Lebensjahr – genau weiß es niemand –, tatsächlich sogar von Bildschirmmedien lernen. Dann liegt es aber an uns, dass wir ihnen den richtigen Input geben. Kindersendungen gehören jedoch zu den gewalttätigsten überhaupt. Kinder können bis zum vollendeten 18. Lebensjahr 200 000 Gewalttaten multimedial wahrgenommen haben, was sich auf ihre Gewaltbereitschaft, auf ihre Abstumpfung gegenüber Gewalt und auf ihre Einstellung zu gewissen Handlungen insgesamt auswirkt. Es ist also wichtig, dass Kinder auch im Hinblick auf Werte, Bewertungen und Handlungen die richtigen Erfahrungen machen und nicht ständig damit konfrontiert werden, dass Gewalt sich lohnt, dass Gewalt zu Erfolg führt und man bei ihrer Anwendung ungestraft davonkommt. Das ist nämlich letztlich das, was ihnen medial vermittelt wird. Das aber sollten wir ihnen nicht zumuten, wenn wir wollen, dass aus unseren Kleinen halbwegs vernünftige Erwachsene werden.

Meilensteine der Entwicklung

Gegen Ende des zweiten Jahres wird der präfrontale Kortex zunehmend aktiver und vernetzt sich weiter mit den anderen Hirnregionen. Der präfrontale Kortex ist der vorderste Teil des Stirnhirns, und erst wenn dieser Manager oder Dirigent, wie er oft bezeichnet wird, die Herrschaft über andere Hirnteile ausüben kann, ist ein Kind fähig, sich auf eine Aufgabe zu konzentrieren. Erst dann kann es seine Emotionen beherrschen, kann bewusst zwischen mehreren Möglichkeiten auswählen.

In der zweiten Hälfte des zweiten Lebensjahrs erkennt sich das Kind im Spiegel wieder und hat ein Selbstbild oder ein frühes Selbstbewusstsein entwickelt. Damit kann es unterscheiden zwischen Ich und Du. Es weiß, dass etwas mir und etwas anderes dir gehört. Es begreift, dass dir etwas wehtun kann, was mir nicht wehtut. Mehr noch: In diesem Alter lernen Kinder, dass ihr Handeln Folgen hat. Dass es ein Richtig und ein Falsch gibt. Ein Gut und ein Böse. Die Aktivität des präfrontalen Kortex ist die biologische Voraussetzung dafür. Doch die Kriterien dafür, was gut ist und was schlecht, stammen von den Eltern.

TEMPERAMENTE UND ERZIEHUNGSSTILE

Die Entwicklungsschritte eines Kindes – Sprache, Bewegungen, Empfindungen – hängen davon ab, wie sehr das Gehirn biologisch bereit ist für sie. Nur ein Gehirn, das biologisch bereit ist, kann auch wirklich lernen. Ein Beispiel: Ein vier Monate altes Kind zeigt schon klare Charakteristika seines Temperaments. Es kann ein eher leicht erregbares Kind sein, das immer auf seine Routine besteht. Das nicht glücklich ist, wenn es sich auf neue Sachen einlassen muss. Es kann aber auch weniger erregbar sein. Kann, wie man heute sagen würde, cool bleiben.

Inzwischen hat sich aber auch gezeigt, dass ein vier Monate altes Kind, das wenig erregbar ist, also cool ist, mit 14 Monaten selten ein sehr ängstliches Kind ist. Während ein Kind, das mit vier Monaten sehr erregbar ist, mit 14 Monaten häufig sehr ängstlich ist. Eltern machen sich vielfach Vorwürfe, sie seien schuld, dass ein Kind ängstlich ist (oder eben nicht). Diese Vorwürfe sind unbegründet. In derselben Familie, bei gleicher Erziehung kann das Temperament von Kindern sehr verschieden sein, was daran liegt, dass es zu einem großen Teil biologisch bestimmt ist.

Der Erziehungsstil hat eine große Bedeutung, wenn es darum geht, wie sich diese Ängstlichkeit schließlich zeigen wird. Eltern, die ein vier Monate altes Kind haben, können einen permissiven Erziehungsstil an den Tag legen. Das heißt, Mutter oder Vater richten sich immer nach dem Kind. Sie wollen, dass ihr Kind glücklich ist. Sie vermeiden es auch, dem Kind Grenzen zu setzen, denn es soll sich frei entwickeln können. Mutter und Vater können aber auch autoritativ sein – nicht autoritär. Dieser Erziehungsstil existiert praktisch nicht mehr – aber ein autoritativer. Bei ihm helfen die Eltern dem Kind, sich an neue Situationen anzupassen. Sie realisieren und akzeptieren, dass ein Kind nicht immer glücklich sein kann. Und sie können auch Grenzen aufzeigen.

Im Rahmen einer groß angelegten Untersuchung an der Harvard University wollte man herausfinden, wie sich Kinder angesichts verschiedener Erziehungsstile entwickeln. Folgendes kam heraus: Ist ein Kind mit vier Monaten wenig erregbar und ist der Erziehungsstil permissiv, ist seine Ängstlichkeit mit einundzwanzig Monaten nicht sehr hoch. Ist das Kind mit vier Monaten wenig erregbar und der Erziehungsstil der Eltern autoritativ, hat das auch keinen großen Effekt. Bei einem coolen Kind ist der Erziehungsstil von keiner großen Bedeutung. Anders sieht es beim ängstlichen Kind aus, bei ihm ist der elterliche Erziehungsstil sehr wichtig. Denn wenn beide Eltern dem Kind keine Grenzen setzen, wird es mit 21 Monaten noch ängstlicher sein. Zeichnen sie aber Grenzen auf, zeigen sie sich autoritativ, wird das Kind weniger ängstlich sein als erwartet.

Was bedeutet das in der Praxis? Bei ängstlichen Kindern sollte man darauf bedacht sein, ihnen Stützen zu geben. Ihnen dabei helfen, mit Situationen des Lebens zurechtzukommen. Anders formuliert: Das Temperament des Kindes spielt also doch eine wichtige Rolle, wenn es darum geht, wie die Erziehung eines Kindes ablaufen soll. Alle Kinder in derselben Familie werden nicht das gleiche Temperament haben, und dementsprechend sollten sie individuell behandelt werden.

ANGEBOREN ODER ERWORBEN?

Was ist nun biologisch angelegt und was nicht? Als Psychiater werde ich oft gefragt, wie Depressionen eingestuft werden. Werden sie erworben oder sind sie angeboren? Die Frage ist wahrscheinlich falsch gestellt, jedenfalls wenn man sich die neuesten Untersuchungen dazu anschaut. Langzeitstudien, die vor Jahrzehnten begonnen wurden, haben Kinder kurz nach ihrer Geburt erfasst. Danach hat man immer wieder die Familien besucht, die Kinder beobachtet, sie auch getestet und Fragen zur Entwicklung gestellt. Es wurde auch vermerkt, ob die Kinder geschlagen wurden oder nicht, ob sie schwere Traumata erlebt haben, ob ein Elternteil gestorben ist. Heute sind wir wissenschaftlich viel weiter und können aus einer Speichelprobe der jetzt Erwachsenen Gene analysieren: Welches Erbgut liegt denn in dieser oder jener Person vor?

Seit Längerem ist bekannt, dass das Serotonin, also ein ganz bestimmter Neurotransmitter im menschlichen Gehirn, für die Regulation von Gefühlen, aber auch für die Regulation von Appetit, von Aggressivität sowie einer Reihe weiterer Funktionen zuständig ist. Das Serotoninsystem ist je nach genetischer Ausstattung eines Menschen ein bisschen mehr oder ein bisschen weniger auf Trab. Das hat zu der Frage geführt, wie denn Genetik und Umwelt interagieren. Was wiegt mehr? Genetik oder Umwelt? Oder haben sie einen gleichen Anteil: 50 Prozent Genetik und 50 Prozent Umwelt? Oder ist das Verhältnis 70 : 30 oder 80 : 20?

Bei einer wissenschaftlichen Betrachtungsweise stellt sich heraus, dass die Sache kompliziert ist. Wenn Sie eine bestimmte genetische

Ausstattung haben, ist völlig egal, was Ihnen passiert. Sie sind relativ immun gegenüber Schicksalsschlägen. Das können finanzielle oder menschliche Verluste sein, das können traumatische Erfahrungen sein. Was auch immer es ist, wenn Sie einen bestimmten genetischen Typ darstellen, macht Ihnen das alles nichts aus. Sie sind schnell wieder gut drauf, egal, was Ihnen widerfahren ist. Bei einer komplett anderen Genetik kann jeder zusätzliche Schicksalsschlag jedoch zu einem zusätzlichen Risiko werden. Beispielsweise kann man an einer Depression erkranken oder ins kriminelle Milieu abdriften.

Was ist in solchen Fällen Umwelt, was biologische Anlage? Wenn bei einer bestimmten genetischen Ausstattung die Umwelt keinen Einfluss hat, scheint nur Erstere von Bedeutung zu sein, da die Umwelt ja offensichtlich keinen Effekt hat. Bei einer anders ausgeprägten genetischen Veranlagung scheint die Umwelt jedoch plötzlich ganz wichtig zu sein, sie gibt vor, ob dieser Mensch gut durchs Leben kommt, kriminell oder depressiv wird, am Ende sogar Selbstmord verübt. Man kann aus dieser Sicht die Frage nach der prozentualen Verhältnismäßigkeit (50 : 50; 70 : 30) gar nicht sinnvoll beantworten. Letztlich ist es so, dass jeder Mensch die Umwelt und die Erziehung braucht, die zu seinem Temperament passt. Deswegen ist es wesentlich, jedem Menschen ein gutes Umfeld darzubieten, damit er sich nach seinen Möglichkeiten, seinen Fähigkeiten und seinem Temperament optimal entwickeln kann.

Es kann sein, dass ein Mensch das, was ihm an Unangenehmem widerfährt, gut toleriert. Es kann aber auch sein, dass jemand damit überhaupt nicht zurechtkommt. Doch wir wissen es nicht, welches Kind wie reagieren wird. Wir kennen die genetische Ausstattung unserer Kinder nicht. Und es wird noch sehr lange dauern, bis wir sämtliche Zusammenhänge zwischen sämtlichen Genen und möglichen Umwelteinflüssen verstanden haben.

Was machen wir in der Zwischenzeit? Also in den nächsten 500 Jahren? Natürlich ist es wichtig, dass wir beim Umgang mit unseren

Kindern ein paar Dinge beachten. Vor allem, dass sie die Umwelt haben, die sie jeweils brauchen. Woher aber wissen wir, was sie brauchen? Nun, je weniger wir uns darüber Gedanken machen, desto besser ist es vermutlich. Bringen Sie ein Kind an einen Strand, merken Sie sofort, dass es hier eine Umgebung hat, mit der es gut klarkommt. Ähnlich im Wald. Warum? Weil es sich freut, weil es Spaß hat, weil es sich, in sich selbst versunken, Welt aneignet. Sie brauchen nicht daneben zu stehen, brauchen nicht zu sagen: »Jetzt lerne das mal.« Das macht das Kind automatisch, von ganz allein. Es saugt sozusagen die Welt in sich auf. Mit allen Sinnen, heftig und schnell.

Damit dies passiert, müssen wir nur unsere Mietwohnung verlassen, die leider meist eine Standardumgebung hat. Es ist auch nicht wichtig, dass wir die Wohnung mit Spielzeug bis zur Decke füllen, um unser Kind optimal zu stimulieren. Wir brauchen uns nur überlegen, wie wohl eine tolle Umgebung für Kinder aussehen könnte, eine Umgebung, in der sie gern aufwachsen würden. Dazu müssen wir uns an unsere eigene Kindheit erinnern. Doch die Welt hat sich geändert. Wie können wir in unserer Welt eine solche Umgebung herstellen?

Eine gute Idee wäre, Brettspiele zu kaufen. Warum? Weil wir bei diesen Spielen eine soziale Situation inszenieren. Wir sind zu sechst oder acht und machen etwas miteinander, etwas, was in den Familien mit Vater, Mutter und Kind kaum noch vorkommt, was früher aber der Normalfall war. Wir inszenieren also mithilfe von einem Spiel den früheren Normalfall. Ist das gut? Na, klar ist das gut. Weil wir so lernen, uns zu reiben, uns auseinanderzusetzen, zu gewinnen, zu verlieren. All das lernen wir beim Inszenieren, im spielerischen Umgang miteinander.

Wer sein Kind den ganzen Tag herumfährt, von einer Geigen-, Tanz-, Reit- oder Judostunde zur nächsten, bringt ihm bei, dass es den ganzen Tag herumgekarrt wird. Bringt ihm also Passivität bei. Das Kind muss nichts selbst tun, es wird ja alles mit ihm gemacht.

Im Auto wird manchmal eine gereizte Stimmung herrschen, weil man den einen Termin fast vergessen hätte und bei einem anderen zu spät dran ist, weil man im Stau steht. Man wird also gegenseitig nerven. Und was lernt das Kind? Dass Vater und Mutter ziemlich nervig sein können. Das ist nicht die Art, wie Kinder optimal gefördert werden, obgleich hier beste Absichten vorliegen.

Wann immer wir mit Kindern umgehen, sollten wir auch überlegen: Was passiert hier gerade? Es geht nicht darum, was wir möchten, dass es geschieht, sondern was wirklich passiert. Und ein guter Gradmesser ist: Macht den Kindern das, was sie tun, Spaß? Wenn es Spaß macht, ist es vielleicht nicht ganz falsch. Es muss nicht richtig sein, aber ist womöglich nicht ganz falsch. Und macht es keinen Spaß, kann es nicht richtig sein. Spaß sollte schon dabei sein. Zweijährige lernen mit Spaß am besten und am schnellsten.

KINDER MÜSSEN IHRE EIGENEN ERFAHRUNGEN MACHEN

Wenn es um praktische Tipps für Sie und Ihre Kinder geht, möchte ich Folgendes noch kurz erwähnen. Entscheidend ist, dass Sie als Eltern Ihren Kindern so viele Gelegenheiten wie möglich geben, bei denen sie eigene Erfahrungen machen können. Achten Sie darauf, dass Ihre Kinder versuchen sollten, Probleme zuerst selbst zu lösen. Dass sie aber auch, wenn nötig, Hilfe erwarten können.

Vermeiden Sie bei Kindern eine Überstimulation. Kinder haben häufig zu viel Spielzeug. Sie springen von einem Teil zum nächsten, weil sie sich nicht konzentrieren können, nicht in sich selbst versunken sind. In unangenehmer Erinnerung ist mir ein Erlebnis geblieben. Ich spazierte an einem Fluss entlang. Es war eine wunderschöne Gegend mit einem Tierpark mit vielen Tieren, mit schönen Blumen, mit alten Bäumen. Und dann kam eine Mutter mit ihrem vierjährigen Kind daher. Es hatte, ich habe es gezählt, 14 verschiedene Spielsachen bei sich. Damit das arme Kind sich um Gottes willen in dieser Flusslandschaft nicht langweilt. Der Junge war hoffnungslos überfordert mit den Spielsachen und hat leider nicht sehr viel von seiner Umwelt mitbekommen.

Eltern sollten ihren Kindern auch mehr aus Kinderbüchern vorlesen. Bilderbücher sind besonders toll. So erleben Kinder, dass Mutter und Vater und Kind das Gleiche sehen, ähnlich oder aber verschieden über das Angeschaute denken können. Das sind wunderbare Momente für ein Kind. Kinder sollten auch weitaus stärker in die täglichen Aktivitäten einer Familie einbezogen werden. Ich frage Eltern immer: »Wer hat bei Ihnen zu Hause heute Morgen geholfen, mit den Frühstückstisch zu decken?« Das können Kinder schon mit drei Jahren machen. Bereits im zweiten Jahr können sie im Haus mithelfen. Sie machen das sogar gerne. Nicht nur aus Imitation heraus, sondern weil sie damit zeigen: »Hier, ich kann es.« Doch viel zu wenig fordern wir unsere Kinder. Häufig werden sie zu Hause wie Pensionäre behandelt, denen man nichts zumuten möchte.

Haben Sie Freude an Ihren Kindern. Sie lernen gerne. Und es ist immer wie ein Wunder, wenn man sie beobachtet. Und vergessen Sie nicht, dass die wichtigsten Vorbilder, die Kinder in diesem Alter haben, die eigenen Eltern sind.

WIE KLEINE KINDER LERNEN – VON DREI BIS SECHS JAHREN

IM KINDERGARTENALTER

Beim Alter von drei bis sechs Jahren spricht man auch vom Vorschulalter. Da geht man in den Kindergarten. Noch nicht in die Schule. In der Schule wird gelernt, im Kindergarten wird gespielt. Schule ist der Ernst des Lebens, und davor ist der Spaß. Das darf nicht darüber hinwegtäuschen, dass auch im Vorschulalter, im Kindergarten unglaublich viel gelernt wird. Der Kindergarten ist nicht allein dazu da, dass Kinder satt und sauber und trocken sind. Hier passiert eine Menge mehr. Im Gehirn der Kinder, die sich im Vorschulalter befinden. Die Schule des Lebens hat im Kindergarten längst angefangen, in dieser Zeit entwickeln Kinder all das, was sie in der Schule brauchen werden. Und das ist sehr viel.

Vermutlich das Wichtigste, was Kindergartenkinder lernen, ist das Bewusstsein, dass sie eine eigene Person sind, eine eigene Persönlichkeit haben. Jedes Kind wird mit bestimmten Genen geboren und hat dadurch schon eine Persönlichkeit von den Eltern mitbekommen. Diese aber ist, wenn man so will, nichts weiter als das noch nicht entwickelte Negativ. Das heißt: Sie ist im Prinzip da, aber eher virtuell vorhanden, als eine Eventualität, noch nicht als Wirklichkeit. Damit aus der genetisch angelegten Persönlichkeit jedoch eine reale Person wird, muss dieser kleine Mensch auch Möglichkeiten bekommen, diese Person zu bilden. Und das geschieht in der Auseinandersetzung mit anderen Menschen.

Ab dem Alter von drei Jahren brauchen Kinder vor allem eines, nämlich den Kontakt zu anderen Menschen, hauptsächlich zu anderen Kindern. Aber nicht nur zu gleichaltrigen Spielgefährten, sondern auch zu Kindern in anderen Altersgruppen. Und bei den Erwachsenen sollte es nicht bei Mutter und Vater bleiben, wünschenswert ist der Kontakt zu Onkeln und Tanten, zu Freunden der Eltern, mit denen man zusammen etwas unternehmen kann, mit denen man sich messen kann, an denen man sich auch mal richtig heftig aufreiben kann. Fremde sind aber genauso wichtig, wenn sie sich einer Gruppe anschließen, mit ihnen kann man ebenfalls spielen, man kann bei ihnen auch Solo-Auftritte einüben. All das ist entscheidend, damit aus Kleinkindern kleine Personen werden.

Dabei steht nicht nur die Persönlichkeitsentwicklung im Vordergrund. Viele Fähigkeiten können so entwickelt werden. Am auffälligsten ist das Lernen im motorischen Bereich. Die Kinder lernen, auf dem Dreirad zu fahren. Dann folgt das Radfahren. Sie lernen schwimmen. Sie lernen mit der Schere, mit dem Messer und mit Nadeln umzugehen. Sie können den Pinsel schwingen. Sie lernen singen. Sowohl in der Grob- wie in der Feinmotorik machen Kinder zwischen drei und sechs Jahren unglaubliche Fortschritte. Das Schwierigste, was wir Menschen im Bereich der Motorik können, ist das Sprechen. Sie lernen jetzt so gut ihre Muttersprache, wie sie später nie mehr eine andere Sprache lernen können. Und sie lernen diese Sprache ganz schnell, ganz nebenbei. Wie geschieht das?

SPRECHEN UND VERSTEHEN

Sprache ist ein Mittel zur Kommunikation. Damit sich der Wortschatz eines Kindes erhöht, die Diskrepanz zwischen Sprechen und Verstehen geringer wird, sollte ein Kind genügend Gelegenheiten haben, wirklich in einer Umwelt von Sprache zu leben. Denn Sprache wird nicht direkt gelernt, das Kind lernt die Sprache, indem es in dieser Umwelt lebt. Da ist es von großer Bedeutung, dass die Menschen, die mit dem Kind zusammen sind, auch viel mit ihm reden und ihm antworten, wenn es etwas sagt. So gibt man dem Kind die Chance zu realisieren, dass Sprache die Beziehung zwischen Menschen verbessert beziehungsweise erst möglich macht.

Wir müssen uns bewusst sein, dass sich in Bezug auf Sprache das, was sich beim Kind entwickelt, enorm ist. Ein Beispiel: Man bittet Kinder, Gegensätze zu nennen. Also, was ist der Gegensatz von Tag? Als Antwort erwartet man: Nacht. Mit drei Jahren können das schon 25 Prozent der Kinder sagen. Aber erst mit fünf Jahren sind es 50 Prozent. Und erst mit sechs Jahren 90 Prozent. All diese Prozentzahlen liegen noch völlig in der Norm, sie sind von der individuellen Situation abhängig.

Ein unerwartetes Ergebnis ist jedoch, dass 20 Prozent der Kinder noch mit vier Jahren einen deutlichen Sprachrückstand aufweisen. So benutzen sie zum Beispiel nur Zweiwortsätze. Sie sprechen nicht klar. »Bauchen« statt »brauchen«. Sie können nicht alle Aufforderungen verstehen, was aber nichts damit zu tun hat, dass diese Kinder Hörprobleme hätten oder ihre Sprachschwierigkeiten vom Gehirn ausgehen; es fehlt ihnen einfach die notwendige Konversation. In vielen Familien wird nicht mehr zusammen gegessen, man sitzt nicht mehr gemeinsam an einem Tisch und plaudert miteinander. Ein solches Zusammensein ist ein wesentlicher Faktor bei der Bildung einer Sprachkultur innerhalb der Familie.

Damit ein Kind die Sprache lernt, ist vor allem eines wichtig: Man muss mit ihm kommunizieren. Wie wichtig das ist, zeigen Untersuchungen über Mütter, die selbst wenig sprechen und deshalb auch kaum mit ihren Kindern reden. Es handelt sich dabei um depressive Mütter, die aufgrund ihrer Erkrankung Mühe haben, sich verbal zu äußern. Leitet man diese Mütter an, mehr mit ihren Kindern zu sprechen, ist festzustellen, dass sich bei ihnen die Sprachentwicklungsdefizite, die Kinder depressiver Mütter häufig aufweisen, gar nicht erst entwickeln. Warum das so ist? Weil ihre Mütter mit ihnen zu sprechen gelernt haben. Anhand einer pathologischen Form der Mutter-Kind-Interaktion konnte nachgewiesen werden, wie wichtig es ist, dass Mütter mit ihren Kindern sprechen, dass sie das dauernd tun und dass sie das nebenher tun, damit die Kinder ebenfalls nebenher die Sprache erlernen.

Hierzu noch eine Anmerkung: Ich kenne Mütter, die sagen: »Ach, wenn ich das Kind stille, dann ist das schön, dann kann ich endlich mal in Ruhe die *Tagesschau* gucken. Eine andere Mutter freut sich, wenn sie ihrem Kind die Windeln wechselt oder es badet, dass sie sich eine Nachrichtensendung oder irgendeine schöne Musik-CD anhören kann. Ich glaube, dass das Baden und Stillen wunderbar für das Kind sind, dass man darüber aber die Kommunikation, das Sprechen mit ihm nicht vergessen sollte. Jeder Umgang mit dem Kind ist immer auch ein geistiger Austausch. Ein Lächeln wird erwidert. Eine Berührung führt zur nächsten Berührung. Auf die eine Bewegung folgt eine weitere.

Das ständige Miteinander, das Schaffen von Gemeinsamkeit, von Rhythmus, führt beim Kind zu Lernprozessen, und es ist wichtig, dass die Mutter dies weiß und auch aktiv tätig wird. Der Gedanke

»Mein Baby kann ja sowieso noch nicht sprechen, deswegen muss ich mich mit ihm nicht beschäftigen, ist falsch«. Ebenso falsch ist, wenn man annimmt, dass es beim Stillen nur um Nahrungsaufnahme geht. Stillen ist auch eine intensive Kommunikation zwischen Mutter und Kind. Und auch später soll sich ein Kind in der Welt beschäftigen, gemeinsam mit anderen. Es ist die Aktivität, der aktive Umgang mit den Mitmenschen, der es dem Kind ermöglicht, dass es sich die Welt erschließt.

ZWEI ODER EINE SPRACHE LERNEN?

Immer wieder werde ich gefragt, ob ein Kind eine zweite Sprache lernen sollte, was zu tun ist, wenn der Vater Türkisch spricht und die Mutter Deutsch. Soll der Vater mit dem Kind Türkisch sprechen und die Mutter Deutsch? Hierzu gibt es einige Fakten, die man als Eltern berücksichtigen sollte. Zuerst einmal: Ein Kind im Alter von drei Jahren ist durchaus fähig, zwei Sprachen zu lernen. Und es gelingt ihm ohne Schwierigkeiten. Es findet beinahe automatisch statt. Tatsächlich hat es sich auch bei zweisprachigen Eltern als günstig herausgestellt, wenn die Mutter ihre Sprache spricht und der Vater seine. Das funktioniert recht gut. Es hat sogar Vorteile, weil das Kind von Anfang an mitbekommt, dass es nicht nur eine Sprache gibt, sondern mehrere Sprachen. Somit erfährt es auch, dass es nicht nur eine Art zu sprechen gibt, sondern ganz verschiedene. Es hilft einem Kind, sich an neue Situationen gewöhnen zu können, es wird flexibler. Es wird sogar seine Aufmerksamkeit erhöhen, weil diese notwendig ist, wenn es von einer Sprache in die andere wechselt. Das braucht Konzentration.

Die Vielfalt der Sprachen in der Welt eines Kindes, in der es aufwächst, ist also wichtig. Ständig erlebe ich das in Bern, einer Stadt in der Schweiz mit rund 130 000 Einwohnern. In dieser Stadt lebe ich und es sind hier Menschen aus 150 Ländern zu Hause. Diese vielen Sprachen sind eigentlich wunderbar, können aber auch zu Verwirrungen führen. Es hat sich aber gezeigt, dass niemand hier spezielle Sprachstunden braucht, sondern einfach nur Gelegenheiten, um verschiedene Sprachen zu hören und zu erleben. Kinder genießen das.

Wann ist überhaupt die optimale Zeit, eine zweite Sprache zu lernen? Wie ich schon hervorhob: Im Alter von drei bis sieben Jahren lernt das Kind automatisch. Es ist kein Lernen mit Unterrichtsstunden, sondern ein Aufnehmen der Wörter, die in der Umgebung gesprochen werden. Wir wissen, dass die zwei Sprachen im Gehirn sogar im gleichen Sprachzentrum verarbeitet werden. Ist ein Kind aber sieben, kann es eine Sprache auch noch spielerisch erlernen, aber sie wird dann außerhalb des Sprachzentrums verinnerlicht. Das ist nicht das Gleiche wie das automatische Sprechen zuvor.

Häufig fragen mich Eltern, die Kinder in der Krippe haben oder im Kindergarten, ab wann Kinder eine Fremdsprache, zum Beispiel die universale Weltsprache Englisch, lernen sollten. Ich kann gut verstehen, dass man sich mit dieser Frage beschäftigt. Dazu sollte man aber Folgendes wissen: Es ist wichtig, dass das Kind eine Sprache richtig gut beherrscht, also Deutsch. Englisch in der Krippe oder im Kindergarten halte ich für nicht so günstig, denn es sind nur wenige Stunden, die das Kind mit dieser Sprache verbringt. Und in einer so kurzen Zeit kann es die Fremdsprache nicht wirklich lernen. Meistens wird sie auch von Lehrern gelehrt, deren Muttersprache nicht Englisch ist. Letztlich sollte man mit dem Erlernen einer Fremdsprache warten, bis das Kind in der Schule ist. Ist ein Kind sechs oder sieben, hat man damit gute Erfahrungen gemacht. Untersuchungen haben übrigens gezeigt, dass es für das spätere Berufsleben, für den Erfolg im Leben im Allgemeinen keinen Vorteil gibt, wenn das Kind schon mit drei Jahren mit Englisch konfrontiert wurde.

Meilensteine der Entwicklung

Kleine Kinder lernen von Vorbildern, meist von den Eltern. Pflegen Sie daher zu Hause eine Sprachkultur. Kleine Kinder wollen kommunizieren. Mit Drei- und Vierjährigen können Sie über die

Geschichten in den Bilderbüchern sprechen. Was sieht man? Wer tut wem was an und aus welchem Grund? Es ist die Zeit der Märchen, Reime und ersten gemeinsamen Lieder.

Mit Fünf- und Sechsjährigen können Sie über Gefühle reden, über Trauer, Stolz, Enttäuschung. In diesem Alter verstehen Kinder bereits die kausalen Zusammenhänge von Ereignissen und Gefühlen. »Ich bin traurig oder glücklich, weil dieses oder jenes passiert ist.« Vergessen Sie aber nicht, dass Sie ein kleines Kind vor sich haben, das von Ihnen lernt, mit Gefühlen umzugehen, und keinen Partner, mit dem Sie eigene Lebensprobleme besprechen.

MEMORY – WARUM KINDER BEI DIESEM SPIEL UNSCHLAGBAR SIND

Wer hat nicht schon einmal erlebt, dass ein kleines Kind, wenn man mit ihm Memory spielt, den Erwachsenen um Längen schlägt? Wahrscheinlich gehört es zu den frustrierendsten Erlebnissen von Großeltern, mit dem Enkel Memory zu spielen. Muss man da etwa befürchten, schon ein bisschen an der Alzheimerkrankheit zu leiden? Baut das Gehirn etwa ab? Muss man sich Gedanken machen, wenn die Kleinen immer gewinnen? Ein eindeutiges Nein ist darauf die Antwort.

Warum sind die Kleinen aber so fit bei solchen Spielen? Der Grund liegt darin, dass sie die Umgebung in sich aufsaugen. Sie müssen das auch machen, denn noch ist nicht viel in ihnen drin. Ältere Menschen haben schon sehr viel aufgesogen, haben sich ein Bild von der Welt gemacht. Sie haben Dinge eingeordnet, ihnen eine entsprechende Bedeutung gegeben, und aus diesem Grund verstehen sie die Welt auch viel leichter und viel schneller. Sie haben in ihrem Innern viele Strukturen entwickelt, mit denen sie gleichsam die Welt dauernd überformen. So müssen sie auch nicht immer erst überlegen: Was ist denn das? Wir sehen um uns herum Tische und Stühle, Katzen und Hunde. Und keine Manifestation von Beinhaftigkeit, Fellhaftigkeit und Wauwauhaftigkeit. So wie es bei kleineren Kindern vielfach der Fall ist.

Hund oder Wauwau?

Stellen Sie sich vor, Sie sitzen vor einem Computer und schauen auf dem Bildschirm nacheinander Fotos von Hunden und Katzen an und müssen anhand der Bilder lernen, die Tiere voneinander zu unterscheiden. Das heißt, wenn ein Hund auftaucht, sollen Sie rechts eine Taste drücken, wenn eine Katze sichtbar wird, eine linke. Nun haben Sie aber noch nie im Leben Hunde und Katzen gesehen – und haben jetzt ein Problem. Denn Sie wissen nicht, wie Sie die Unterscheidung treffen sollen.

Diesen Test kann man mit Kindern und Erwachsenen machen und schauen, wie diese beiden Gruppen ihre Unterscheidungen gestalten. Gezeigt hat sich bei dem Experiment, dass Dreijährige nicht besonders gut abschneiden, insbesondere dann nicht, wenn man die Hunde und Katzen ein bisschen ähnlich darstellt. Erwachsene haben mit diesem Test überhaupt keine Schwierigkeiten. Doch er geht noch weiter: Wurden die Tiere in Hunde und Katzen eingeteilt, erklärt man den großen und kleinen Probanden Folgendes: »Aufgepasst, wir haben jetzt immer zwei Bilder auf dem Bildschirm. Und ihr müsst sagen, welches von diesen beiden Bildern ihr gerade schon gesehen habt.« Auch diesen Test kann man beliebig kompliziert gestalten. Man kann die Bilder sehr ähnlich machen, sodass es schwierig wird zu sagen: »Ja, diesen Hund habe ich eben gesehen.« Oder: »Nein, diesen Hund habe ich noch nicht gesehen.«

Kinder sind bei diesem zusätzlichen Part richtig gut. Sie erkennen die Tiere zweifellos wieder. Erwachsene schneiden da schlechter ab, sie bewegen sich auf Zufallsniveau. Sie erkennen, wenn man den Test nur schwierig genug macht, nur bedingt schon einmal gesehene Tiere wieder. Kinder sind ihnen bei einem gleichen Schwierigkeitsgrad weit überlegen. Nun kann man der Ansicht sein: Na klar, Kinder lernen eben schnell. Das stimmt, die Frage ist nur: Warum lernen sie schnell? Und auch hier lautet die Antwort: Weil sie noch so wenig über die Welt wissen.

Noch eine Test-Variante: Einer Gruppe von gleichaltrigen kleinen Kindern bringt man bei, was Hunde und Katzen eigentlich sind, wie man sie erkennt und wie man sie einteilt. Sie werden also mit einem Wissen über Hunde und Katzen ausgestattet. So fit gemacht, führt man mit ihnen den zusätzlichen Part noch einmal durch, mit dem Ergebnis, dass die Kinder sich jetzt genauso schlecht erinnern wie die Erwachsenen. Kinder lernen schnell – es sei denn, man vermittelt ihnen fundiertes Wissen und macht Erwachsene aus ihnen. Dann lernen sie genauso schlecht wie die Erwachsenen.

Woran liegt das? Daran, dass gespeicherte Informationen über die Welt uns helfen, mit dieser rasch zurechtzukommen. Wir brauchen uns dann nicht mehr mit dem linken kleinen Fleck auf dem rechten Ohr des vor uns stehenden Tiers näher zu beschäftigen, weil wir ja wissen, was das für ein Tier ist. Und weil dieses Wissen zur Unterscheidung beiträgt. Wir haben schon grobe Klassifikationsmerkmale in uns abgespeichert, die wir auch dauernd verwenden. Wir sind es gewohnt, die Welt einzuteilen. Kinder, die das noch nicht können, achten auf alles, auf jede Einzelheit. Sie differenzieren nicht zwischen Wichtig und Unwichtig. Aber weil sie auch auf alles achten, können sie natürlich auch hinterher alles viel besser erinnern.

Jede Lebensphase hat ihre Eigenheiten

Man kann also nicht sagen: Kinder sind besser als Erwachsene. Oder: Erwachsene sind besser als Kinder. Es handelt sich letztlich um Lebensphasen, die ihre jeweiligen Eigenarten besitzen, und diesen Eigenarten gilt es gerecht zu werden. Kinder benötigen ganz viel Umgang mit ganz viel Welt, um sie sich zu erschließen. Haben sie sich diese erschlossen, werden sie hinterher auf bestimmte Details, auf unwichtige, weniger achten. Dafür nehmen sie wichtige Details eher wahr, um mit der Welt besser zurechtzukommen.

Bleibt die Frage, warum Kinder im Alter von vier Jahren plötzlich so viel mehr können. Sie können mehr Zusammenhänge herstellen, Ursache und Wirkung trennen. Sie können sich so etwas wie Zukunft vorstellen. Sich an die Vergangenheit erinnern. Was passiert da im Gehirn, damit das möglich wird? Denn letztlich sorgt das Gehirn dafür, dass sich diese Dinge entwickeln können. Und dieses Gehirn verändert sich, wenn ein Kind dieses Alter erreicht. Wurde in den ersten vier Lebensjahren die Durchblutung der rechten Hirnhälfte betont, so wird nun die linke Hirnseite stärker durchblutet. Und mit diesem Wechsel verlagern sich auch die Schwerpunkte von der linken auf die rechte Hirnseite. So wird dadurch zum Beispiel die Sprache mehr gefördert. Kausalzusammenhänge werden mehr betont.

Doch nicht nur die Durchblutung ändert sich, auch der Balken, der die linke und die rechte Hirnhälfte verbindet, wächst jetzt sehr schnell. Dadurch können die beiden Hirnhälften viel enger zusammenarbeiten, ihnen stehen mehr Informationen zur Verfügung. Hinzu kommt in diesem Alter noch, dass die elektrischen Verbindungen, die so wichtig sind, dass alle Abläufe reibungslos funktionieren, deutlich zunehmen. Das Gehirn verändert sich also stark, in seiner biologischen Struktur, in seinen Funktionen.

Was geschieht noch in diesem Alter? Die großen magischen Figuren beginnen allmählich zu verschwinden. Die Märchen mit ihren Riesen und Hexen, die Monster und Dinosaurier. Sie sind immer noch da, aber sie verlieren etwas von ihrer Wirklichkeitsempfindung. Das kann sogar so weit gehen, dass man nicht mehr an den Weihnachtsmann oder Osterhasen glaubt. Die magische Phase ist für Kinder wichtig, aber nicht minder wichtig ist es, wenn sie ihr Ende findet.

Kinder beginnen, eigene Wünsche zurückzustellen

Kinder fangen nun an, sich auch mehr und mehr selbst zu steuern. Sie sind nicht mehr so impulsiv und können sich auch beherrschen. Sie können sogar Wünsche zurückhalten. Was diese Entwicklung angeht, wurden sehr interessante Experimente unternommen. Ein Beispiel: Ein Kind sitzt in einem Raum zusammen mit einem Psychologen. Auf dem Tisch vor den beiden befinden sich sehr gut schmeckende Kekse. Plötzlich sagt der Psychologe: »Du, ich muss mal kurz das Zimmer verlassen. Aber in einigen Minuten bin ich wieder da.« Das Kind steckt in einem Dilemma. Sein Impuls wäre, die Kekse zu essen, der Psychologe ist ja nicht da, wie wunderbar. Andererseits ist da die andere Stimme, die sagt, dass man das mit dem Kekse-Essen vielleicht nicht tun sollte. Die Konsequenzen sind nicht abzuschätzen.

Bei dieser Versuchssituation hat man beobachtet, dass es zwei Gruppen von Kindern gibt. Die einen futtern die Kekse sofort auf, die anderen warten auf die Rückkehr des Psychologen. Aber sie warten nicht, indem sie starr in die Luft gucken, sondern sie beschäftigen sich in dieser Zeit. Sie schauen sich im Raum um, sie schauen etwas an. Sie leiden nicht still, sondern sie lenken sich ab. Das ist eine hervorragende Methode, Impulse zu beherrschen. Und wirklich interessant ist dabei, dass die Kinder, die ihren Wunsch aufschieben können und die Kekse nicht hinunterschlingen, im Alter von acht bis zehn Jahren eine bessere Chance haben, in der Schule mitzukommen.

Wie ist das möglich? Wieder liegt es am Gehirn, an seiner Weiterentwicklung. Hier steht vor allem das Stirnhirn im Vordergrund. Das Stirnhirn ist beim Menschen besonders entwickelt, es unterscheidet sich am meisten vom Stirnhirn unserer engsten Verwandten, den Schimpansen. Es ist viel größer als beim Schimpansen, auch relativ gesehen. Das Stirnhirn weist auch eine hohe Synapsenfrequenz auf. Jene Kontaktstellen der Nerven haben auch vermehrt Verbindungen zu allen anderen Arealen des Gehirns. Aus diesem Grund kann das Stirnhirn viel besser, viel intensiver und viel schneller ganze Gehirnfunktionen kontrollieren, überwachen und einsetzen. Es ist die oberste Kommandostelle des Gehirns.

Und dann ist da noch der Hippocampus, dieses Organ im Gehirn, das die Form eines Seepferdchens hat und das so wichtig für die Gedächtnisbildung ist, für Erinnerungen, für das Ein- und Aussortieren von Erinnerungen, ob sie abgespeichert werden sollen. Dieses Organ entwickelt sich in dieser Zeit besonders intensiv und bekommt beinahe das Aussehen des Hippocampus eines Erwachsenen. Und das im Alter von vier bis sechs Jahren. Damit hat das Kind nun die Gelegenheit, sich besser zu erinnern, die Vergangenheit zu erfassen. Es bildet die Basis des Gehirns. Dabei geht es auch um die eigene Vergangenheit. Und damit wird es ebenso möglich, sich die Zukunft etwas besser vorzustellen.

Vergangenheits- und Zukunftsmodule

Untersuchungen zeigen, dass die Gehirnareale, die für die Vergangenheit zuständig sind und mit deren Unterstützung wir uns erinnern, auch Zukünftiges entwerfen. Wenn wir uns also Vergangenes klarmachen, Geschichten erinnern, die Welt wieder hervorkramen, dann tun wir das nicht in einem Vergangenheitsgehirnmodul. Und genauso wenig gibt es ein Zukunftsmodul, mit dem wir planen. Faktisch sind es die gleichen Gehirnareale, die für Vergangenes und für Zukünftiges zuständig sind. Beim Vergangenen wird einfach nur abgerufen und hervorgeholt, beim Zukünftigen wird abgerufen und neu kombiniert. Es werden alte Bilder nicht nur erneut projiziert, es werden auch neue Bilder entworfen. Und mit diesem Vorgehen wird vor allem Altes neu zusammengesetzt.

Jüngste Untersuchungen haben also gezeigt, dass Vergangenheit und Zukunft in unserem Kopf sehr nahe beieinanderliegen. Gleiches gilt für Realität und Fiktion. Wenn sich Menschen an bestimmte Ereignisse erinnern oder sie bestimmte Geschichten erzählen beziehungsweise vorgelesen bekommen, die gar nicht wirklich sind, werden ganz ähnliche Areale im Kopf aktiviert. Schauen Menschen einem anderen Menschen dabei zu, wie er unter Schmerzen leidet, dann sind bei ihm Schmerzareale aktiv, die auch aktiv wären, würde er selbst unter realen Schmerzen leiden. Versetze ich mich in einen anderen hinein und erlebe irgendeine Emotion, dann werden die emotionalen Areale, die ich, wenn ich diese Emotion tatsächlich habe, aktiv. Unser Gehirn ist also nicht über bestimmte Module für bestimmte reale Dinge zuständig und über andere Module für fiktionale Dinge. Nein. Unser Gehirn arbeitet – ich mag den Ausdruck eigentlich nicht, aber hier passt er – ganzheitlich. Und ist immer integriert. Wenn wir eine traurige Geschichte hören, dann sind wir traurig. Und in uns sind diese entsprechenden Areale aktiviert. Hören wir eine freudige Geschichte, sind wir selbst voller Freude und erleben das auch so.

Wenn das so ist, brauchen Kinder nicht nur eigene Erlebnisse von Trauer und Freude, sie brauchen (und mögen) auch unglaubliche Geschichten, die andere erlebt, die vor allem emotionale Ereignisse durchgemacht haben. Da sind die Märchen mit ihren Protagonisten, denen ein einziges Auf und Ab, denen Schlimmstes und Bestes widerfährt. Vom Tod bis zum Goldregen. Alles kommt im Märchen vor. Für Kinder ist das herrlich, denn durch das Imaginäre, das gedankliche Nacherleben können sie ein Gefühl für reale emotionale Erlebnisse bekommen. Für ihre eigenen emotionalen Erlebnisse. Durch diese Geschichten lernen sie, ihre Gefühle zu verorten, sie einzuordnen und sie auch besser zu handhaben.

Über Gefühle sprechen

Wir wissen: Wer über seine Emotionen sprechen kann, hat sie auch besser im Griff. Und wer schon als Kind versprachlichte Emotionen selbst erlebt hat, wird auch lernen, seine eigenen Emotionen besser zu kontrollieren. Märchen, Geschichten und Erzählungen sollten also einen ganz festen Platz in der Entwicklung der Kinder haben. Gerade im Vorschulalter sind sie nicht wegzudenken. Sie sind auch nicht durch etwas anderes zu ersetzen. Schon gar nicht durch elektronische Medien, denn dann ist kein Mensch mehr in der Nähe, mit dem man sich austauschen, in den man sich einfühlen kann. Da werden Kinder nur noch mit virtuellen Charakteren konfrontiert, die viele Eigenschaften, die reale Mensch haben, nicht besitzen.

Wie entwickelt sich nun das Denken in diesem Alter? Welche Veränderungen können wir beobachten? An einem Beispiel lässt sich das gut illustrieren: die Geschichte von »Hänsel und Gretel«. Dem drei- oder vierjährigen Kind wird die Geschichte erzählt. Hänsel und Gretel kommen zum Haus der Hexe. Es ist kalt, es ist dunkel. Sie haben Angst, sie wollen hineingehen, suchen Schutz und Wärme. Die beiden Kinder klopfen an. In diesem Moment tritt die Hexe (alternativ die Großmutter) aus dem Haus. Sie trägt auf ihren Händen – ganz nett – eine Katze, die sie streichelt. Die Großmutter trägt auch die Katze, die sie aber – weniger nett – etwas rüde gepackt hat. Nun fragt man das Kind: »Zu wem würdest du ins Haus gehen, zur Hexe oder zur Großmutter?« Das Kind wird, ohne zu zögern, antworten: »Zur Großmutter.« Denn mit der Hexe geht man nicht mit, die ist böse. Das wissen Kinder mit drei, vier Jahren.

Nun erzählt man die gleiche Geschichte einem sechsjährigen Kind, mit identischen Bildern, mit der identischen Situation. Fragt man jetzt den Sechsjährigen: »Zu wem würdest du ins Haus gehen, zur Großmutter oder zur Hexe?« Sechsjährige unterscheiden: Da ist die Großmutter, die aber die Katze gar nicht nett hält, und da ist die

Hexe, die die Katze sehr nett hält. Also wird der Sechsjährige sagen: »Wir gehen zur Hexe.« In diesem Alter haben Kinder ein erweitertes Blickfeld, um Entscheidungen zu treffen. Und damit versetzen sie sich auch ein bisschen in das Denken der Großmutter oder das der Hexe. Dafür aber ist die Entwicklung des Stirnhirns notwendig.

Andere Menschen sind andere Wesen

Mit einem bekannt gewordenen psychologischen Versuch lässt sich testen, ob Kinder verstehen, dass andere Menschen ein anderes Wesen beziehungsweise ein anderes Wissen haben als sie selbst. Psychologen bringen hier die Theory of Mind ins Spiel, sie beinhaltet die Fähigkeit, Bewusstseinsvorgänge in anderen Personen zu erfassen, sie aber auch mit eigenen zu vergleichen. Diese Fertigkeit tritt etwa im Alter von vier Jahren erstmals auf. Zuvor verstehen Kinder im Allgemeinen nicht, dass jeder einzelne Mensch ein unterschiedliches Wissen haben kann. Die Versuchsanordnung: eine gute und eine böse Puppe. Versuchsteilnehmerinnen sind die dreieinhalbjährige Irina und die fünfeinhalbjährige Hanna, wobei Hanna erst hinzukommt, nachdem Irina sich geäußert hat. Versuchsleiter ist Vater Johannes.

Vater Johannes erzählt anhand der beiden Puppen: »Das ist die Königin und das ist Schneewittchen. Die Königin ist die Böse. Das Schneewittchen ist lieb. Die beiden haben ein Stück Schokolade bekommen. Und Schneewittchen und die Königin sagen: ›Was machen wir denn mit der Schokolade, wo bewahren wir sie auf?‹ Schneewittchen nimmt die Schokolade und legt die Schokolade in den Schrank. Dann macht sie den Schrank zu und geht in den Garten. Die Königin schaut nach, wo Schneewittchen geblieben ist, und als sie sie im Garten sieht, sagt sie: ›Ha, jetzt nehme ich die Schokolade aus dem Schrank.‹ Die Königin geht zum Schrank, nimmt die Schokolade heraus, macht den Schrank wieder zu und versteckt die Schokolade unter dem Bett. Währenddessen kommt Schneewittchen wieder zurück und sagt: ›Hm, jetzt freue ich mich auf die Schokolade.‹«

Vater Johannes wendet sich seiner Tochter Irina zu und fragt sie: »Wo wird Schneewittchen die Schokolade wohl suchen? Im Schrank, wo sie diese hingelegt hat?«

Irina: »Unterm Bett.«

Vater Johannes: »Unterm Bett sucht das Schneewittchen die Schokolade? Aha. Da ist die Schokolade. Wieso sucht das Schneewittchen die Schokolade unter dem Bett?«

Irina: »Weil die Königin sie dort versteckt hat.«

Vater Johannes: »Hat das Schneewittchen gesehen, wie die Königin die Schokolade versteckt hat?«

Irina: »Nein.«

Ungerührt antwortet die dreieinhalbjährige Irina mit: »Nein.« Noch versteht sie nicht, dass Schneewittchen ein anderes Wissen hat als sie selbst. In nur wenigen Monaten wird sich das schlagartig geändert haben.

Der gleiche Versuch mit der um zwei Jahre älteren Schwester Hanna verläuft völlig anders. Vater Johannes wiederholt die Geschichte. Auf die Frage, wo Schneewittchen die Schokolade suchen wird, funkt die kleine Irina dazwischen: »Unter dem Bett.« Hanna grinst, überlegt kurz und hilft dann trickreich der jüngeren Schwester aus der Patsche.

Vater Johannes: »Schneewittchen kommt heim und sagt: ›Hm, lecker, jetzt freue ich mich auf die Schokolade.‹ Und wo sucht das Schneewittchen die Schokolade jetzt?«

Irina »Unter dem Bett.«

Hanna: »Nein. Ich würde sagen, sie hat durchs Fenster gesehen, dass die Königin sie versteckt hat, und sucht unter dem Bett.«

Bei einem zweiten Beispiel geht es um die Moralentwicklung von Kindern. Stellen Sie sich ein Wartezimmer beim Tierarzt vor. Herein kommt ein Mädchen mit ihrem Kanarienvogel, der leider nicht mehr singt. Sie ist sehr traurig und beunruhigt und möchte wissen, was los ist. Wie sie so traurig in dem Wartezimmer sitzt, tritt ein zweites Mädchen mit ihrem Hund ein. Der Hund wurde von einem Auto überfahren und blutet. In diesem Moment taucht die Sprechstundenhilfe auf und sagt: »Der Nächste bitte.« Ein dreijähriges Kind würde im Allgemeinen erklären, das Mädchen mit dem Kanarienvogel wäre dran, denn sie war ja zuerst da. Es wäre ihr Recht, sie ist an der Reihe. Nicht so ein sechsjähriges Kind. Es wird sagen: »Der Hund soll zuerst behandelt werden. Er hat es viel nötiger. Es ist viel wichtiger. Wir müssen schauen, dass er zuerst behandelt wird.«

Dieses Beispiel zeigt, dass sich neben der Moral auch das Einfühlungsvermögen entwickelt, die Empathie, das Verständnis für die anderen, was in dem anderen vorgeht. Das sind entscheidende Schritte für die Entwicklung, dass wir in einer Gemeinschaft leben können. Wobei wichtig ist, dass sich das von innen heraus entwickelt, nicht als Drill, sondern als eine natürliche Entwicklung des Kindes.

Meilensteine der Entwicklung

Lernen ist Spiel, und Spiel ist Lernen. Das gilt für Dreijährige genauso wie für Sechsjährige. Drei- und Vierjährige beobachten bewusster als zuvor die Umwelt. Und lernen so die kausalen Zusammenhänge. Wirft ein Kind Steine in das Wasser und beobachtet, was sich dabei tut, lernt es auf diese Weise vorauszudenken. In die Zukunft zu schauen. Zu planen und dann einen Zusammenhang mit vergangenen Ereignissen herzustellen. Das Gehirn ist nun so weit entwickelt, dass sich das Kind an länger zurückliegende Ereignisse in seinem Leben erinnern kann. Und erst jetzt, im Alter von rund vier Jahren, beginnt das autobiografische Gedächtnis.

Fünf- und Sechsjährige sind kognitiv schon wesentlich weiter. Eltern fördern ihr Kind in diesem Alter am besten, indem sie für eine gute Lernatmosphäre sorgen. Lassen Sie nicht den Fernseher laufen, während Ihr Kind am Boden mit seinen Bausteinen spielt. Kreative Aktivität statt passives Konsumieren ist angesagt. Ermöglichen Sie Ihrem Kind Erfahrungen und damit Selbstvertrauen zu sammeln. Dabei geht es nicht um große Ziele, sondern um Kleinigkeiten des Alltags. Ihr Kind wird gerne im Haushalt helfen und das Gleiche tun wollen wie Papa und Mama. Helfen Sie nur, wenn es nötig ist. Das Kind soll anstehende Probleme so weit wie möglich selbst lösen. So lernt es, Strategien zu suchen und Frustration zu überwinden. Loben Sie Ihr Kind für seine Leistung, seinen Einsatz, aber denken Sie daran, dass das erreichte Ziel die Belohnung ist.

LERNEN UND SCHULE

Denkt man ans Spielen, denkt man ans Probehandeln, ans Nachmachen und natürlich ans spielerische Lernen. Aus der Sicht von Gehirnforschern zählt noch eine andere Argumentation: Spielen ist sehr wichtig für die kindliche Gehirnentwicklung. Untersuchungen an Tieren haben gezeigt, dass soziale Interaktion dabei behilflich ist, besonders das gemeinsame Toben und Miteinander-Raufen. Stellen Sie sich Bärenkinder vor, die dauernd etwas miteinander machen, die sich gegenseitig schubsen, die die Wiese hinunterkugeln. Diese Dinge sind typisch für junge Bären, die brauchen das. Sie vertrödeln damit nicht Zeit, sie machen das nicht, weil sie sonst nichts Besseres zu tun haben und keine natürlichen Feinde besitzen, die irgendwie gefährlich werden könnten. Nein. Diese Tiere machen das, weil das Spielen zur Folge hat, dass Wachstumsfaktoren, also Stoffe, die Nervenzellwachstum fördern und Nervenzellen spezialisieren, angeregt werden. Diese Wachstumsfaktoren werden durch das Spiel im Gehirn der Tiere verstärkt gebildet. Mit dem Ergebnis, dass Nervenzellen rascher wachsen. Dass mehr Verbindungen geknüpft werden. Dass sozusagen die Hardware, die für Lernen notwendig ist, da ist, um dann, was auch immer als Nächstes zu lernen ist, neue Inhalte verarbeiten und in sich aufsaugen zu können.

Wenn kleine Kinder im Sandkasten hüpfen und toben und sich vielleicht auch mal ein bisschen raufen, dann tun sie genau das, was die Natur letztlich von ihnen einfordert. Wofür die Natur ein Programm entworfen hat. Die Kleinen sorgen auf diese Weise dafür, dass in ihrem Gehirn die Bildung der Hardware erfolgt, die sie brauchen, wenn die nächste schwierige, interessante oder neugierig machende Lernsituation erfolgt. Auch vermeintliche Nicht-Lernphasen sind für das Lernen wichtig. Und das gilt ebenso für das Dösen oder In-die-Luft-Gucken, nachdem man gerade etwas Spannendes gesehen hat. So wissen wir nämlich heute, dass beim Dösen das, was das Gehirn gerade gelernt hat, nachverarbeitet und damit gefestigt wird.

Viele Untersuchungen haben gezeigt, dass Menschen immer wieder Auszeiten brauchen. Vor allem dann, wenn sie viel lernen. Wenn also Ihre Kinder das nächste Mal toben oder dösen, tun sie das Richtige. Sie machen intuitiv das, was die Natur bei ihnen angelegt hat. Und all das begünstigt letztlich das, was Kinder sowieso die ganze Zeit machen: lernen.

Ein neues Lernkonzept

Spielen und lernen kann man in diesem Alter nicht strikt voneinander trennen. Die Übergänge sind hier fließend. Im Spielen lernt das Kind viel. Und viel Lernen findet auch spielerisch statt. Beides gehört zusammen. Aufgrund der Kenntnisse, die wir über die Entwicklung des Gehirns, speziell des Stirnhirns, haben, hat die Schweizer Erziehungsdirektorenkonferenz auf Empfehlung von Psychologen, Soziologen und Neurowissenschaftlern ein Konzept erarbeitet, das die scharfe Trennung von Kindergarten (spielen) und Schule (lernen) aufheben soll. Tatsächlich wurde es in die Praxis umgesetzt.

Die Idee war, erst einmal das Schuleintrittsalter flexibler zu gestalten. Je nach Entwicklung eines Kindes kann es zwei Jahre früher oder zwei Jahre später eingeschult werden, als es bisher der Fall war. Statt eine Einschulung mit sechs Jahren kann eine solche zwischen vier und acht Jahren erfolgen. Wobei auch bewusst nicht von »Einschulung« gesprochen wird, sondern von »Grundstufe«.

Zweitens wollte man auch, dass Kinder nicht in einem »Altersgetto« zusammenhocken, sondern dass sich die Vier- bis Achtjährigen mischen. Jüngere und ältere Kinder sollen ihre Welten miteinander teilen. Ein drittes Ziel war ein kontinuierlicher Übergang vom Spielerischen zum Lernen, je nach individuellen Fähigkeiten und Motivationen eines Kindes. Damit sollten auch die Lernwege individualisiert und die scharfe Trennung von Lernen und Spielen durchlässiger werden. Weil man ja gesehen hat, dass das die Gehirnentwicklung in diesem Alter begünstigt.

Zugegeben, dieses Konzept ist sehr aufwendig. Klassen haben häufig zwei Lehrer oder Lehrerinnen, damit das individuelle Lernen möglich wird. Die Kinder haben sehr viele Freiheiten, haben aber auch Zeiten, in denen alle zusammensitzen und gemeinsam singen oder gemeinsam lernen. Die Freiheiten werden genutzt, um individuelles Lernen zu fördern.

Noch muss genauer abgeklärt werden, wie durch dieses individuelle Lernen die Bildungsvoraussetzungen für weiterführende Schulen erreicht wird. Als Arzt, der sich speziell mit der Entwicklung des kindlichen Gehirns und dem Verhalten von Kindern beschäftigt, stehe ich völlig hinter diesem Konzept. Es entspricht der Realität. Es nimmt Rücksicht auf die Individualität des Kindes. Es gibt ausreichend Flexibilität. Ich hoffe sehr, dass dieses Beispiel weiter Schule machen wird.

In Deutschland gibt es ebenfalls Bestrebungen, Kindergarten und Grundschule besser aufeinander abzustimmen. Der Übergang ist zu abrupt, es kann nicht sein, dass Kinder von einem Tag auf den anderen mit etwas ganz anderem konfrontiert werden, ganz anders behandelt werden, ganz andere Dinge wichtig sind. Mit der Einschulung beginnt der Ernst des Lebens – dabei wäre Spaß des Lebens viel angebrachter.

Baden-Württemberg hat als erstes Bundesland ein Modellprojekt entwickelt, das sich »Bildungshäuser 3–10« nennt. In diesen Bildungshäusern für Drei- bis Zehnjährige werden seit 2007 neue Dimensionen der frühkindlichen Bildung und Grundschulbildung unter wissenschaftlicher Begleitung erprobt. Freiwillig, man hatte Grundschulen und Kindergärten gebeten, sich für dieses Projekt zu bewerben. Verordnen hätte man es nicht können, dafür ist es viel zu kompliziert. Bei diesen Bildungshäusern geht es darum, Kindern aus dem Kindergarten und Kindern aus der Grundschule Chancen zu bieten, gemeinsam zu spielen und zu lernen. Ein Kindergartenkind kann aber auch stundenweise die Grundschule besuchen. Bestimmte inhaltliche Lehreinheiten von Erzieherinnen und Lehrerinnen können gemeinsam konzipiert werden, um sie Grundschulkindern in der ersten Klasse und Kindergartenkindern in der letzten Entwicklungsklasse gemeinsam anzubieten. All diese Möglichkeiten sind denkbar und werden auch ausprobiert. Mit dem Ziel, langfristig dafür zu sorgen, dass jedes Kind gemäß seinen Anlagen und Bedürfnissen gefördert wird. Und nicht gemäß Strukturen, die von außen an es herangetragen werden.

Bei einem genau festgelegten Einschulungstag wäre das ein optimales Datum für nur etwa jedes 300. Kind. Mit anderen Worten: Ein solch rigoroses Vorgehen richtet nur Schaden an. Einige Kinder langweilen sich fast ein ganzes Jahr, weil sie alles schon können. Und andere sind überfordert mit dem, was von ihren Anlagen her noch nicht möglich ist. Wir sollten uns also diesen neuen Bemühungen sehr offen gegenüber verhalten. Es geht nicht darum, neue Systeme zu erfinden. Es geht darum, mit den Spielräumen, die man hat, richtig umzugehen. Und Kindergarten und Schule vom Kind her und von dessen Bedürfnislage zu denken. Und vielleicht neu zu erfinden.

PERSÖNLICHKEITSENTWICKLUNG

Immer wieder werde ich gefragt: »Sind Mädchen und Jungen von Natur aus, von Anfang an verschieden? Oder lernen sie ihre Unterschiedlichkeit durch die Normen unserer Gesellschaft?« Experimente haben Folgendes gezeigt: Mädchen und Jungen unter zwei Jahren weisen in ihrem Verhalten wenig Unterschiede auf. Auch Jungen lieben Puppenstuben und Mädchen Autos. Aber könnte es nicht auch sein, dass ein Junge mit einem Auto spielt, obwohl ihn die Eltern gar nicht unbedingt dazu gebracht haben, sie aber dennoch mit mehr Wohlgefallen auf ihn schauen, als wenn er mit einer Puppenstube spielt? Das auseinanderzuhalten ist sehr schwer. Doch Fakt ist, dass sich nach zwei Jahren meist sehr klare Unterschiede auftun. Und die sind dann tatsächlich zum großen Teil von Eltern, Großeltern, Tanten und Freunden abhängig.

Mit der geschlechtlichen Identität verhält es sich letztlich wie mit der gesamten Persönlichkeit. Es gibt genetische Anlagen, es gibt in der Gebärmutter erworbene Prägungen und es gibt die ganze Kultur, die nach der Geburt auf ein Kind einwirkt. Und die es ihm erlaubt, Rollen später auch einzuüben und zu übernehmen.

Untersuchungen an Affen haben ergeben, dass auch bei ihnen geschlechtsspezifische Vorlieben für bestimmte Spielzeugtypen existieren. Man glaubt es kaum, aber wenn man an junge Affen Puppen, Autos, Bälle und Kochtöpfe austeilt, nehmen sich die männlichen Sprösslinge viel mehr Zeit für die Autos und die Bälle als für die Puppen und Kochtöpfe. Bei den weiblichen Nachkommen ist es genau umgekehrt. Anthropologen, die das herausgefunden haben, brachten auch noch Kontrollspielzeug ein, das als geschlechtlich neutral einzustufen ist. Dieses Kontrollspielzeug wurde dann auch tatsächlich von beiden Geschlechtern in gleicher Intensität angenommen.

Aller Wahrscheinlichkeit nach gibt es biologische Anlagen für bestimmtes Spielzeug. Was sich bewegt und was saust, daran erfreut sich eher das männliche Geschlecht. Was sozial oder auch mit Essen zu tun hat, wird eher vom weiblichen Geschlecht bevorzugt. Diese Präferenzen sind schon in einfacheren Spezies angelegt. Bei Menschen aber auch. Mütter ziehen den Jungen blaue Sachen an und den Mädchen rote. Vermeintlich völlig willkürlich. Stimmt das aber? Eine Rot-Grün-Blindheit kommt bei Männern bis zu sieben Prozent vor (das hängt von der geografischen Gegend ab). Für denjenigen, der eine Rot-Grün-Sehschwäche hat, sind Rot und Grün identisch, er kann diese beiden Farben nicht unterscheiden. Weil diese Erkrankung an das männliche Geschlecht gebunden ist, unterliegen Mädchen der Rot-Grün-Blindheit im Allgemeinen nicht. Will man nun eine Farbe aussuchen, die Jungs klar erkennen, ist man mit Blau viel besser bedient als mit Rot. Mädchen kann man aber durchaus etwas Rotes anziehen, sie werden diese Farbe immer als ihre wiedererkennen. Möglicherweise ist die Farbwahl nicht einfach nur Willkür, sondern eine Anpassung an biologische Vorgänge.

Die Rolle der Eltern

Wie entwickelt ein Kind Werte? Wie entscheidet es, ob Probleme für es wichtig sind und ob es auch mit seinem ganzen Verhalten einstehen möchte, wenn es sie als wichtig eingestuft hat? Welche Rolle spielen Krippen? Kindergärten? Aber auch Freunde, Verwandte – welche Rolle spielen sie bei der Entwicklung der Kinder?

In diversen Studien konnte nachgewiesen werden, dass Eltern eine große Rolle spielen. Dass Kinder durch sie oder andere nahe Bezugspersonen, die sich mit der Entwicklung der Kleinen beschäftigen, Unterschiede kennenlernen. So den schon erwähnten Unterschied zwischen gut und falsch. Das Elternhaus beeinflusst entscheidend die Entwicklung des Kindes in der Zukunft, und zwar im Positiven wie im Negativen. Institutionen wie Krippen, Schulen oder Tagesheime sind ebenfalls bedeutsam, aber nicht so sehr wie die Eltern. Die Eltern prägen den Grundcharakter eines Kindes. Seine Persönlichkeit. Seine Grundwerte.

Kinder übernehmen von ihren Eltern, wie man mit Problemen umgeht. Wie man miteinander umgeht. Wie man unterschiedliche Situationen gewichtet. Wie man sagt: »Das ist besser.« Oder: »Das ist schlechter.« Und: »Das ist gut.« Oder: »Das ist böse.« Und wenn Kinder das oft genug gesehen und erfahren haben, dann spielen sie es nach. Sie spielen Familie, sie spielen Haus, sie spielen Mutter und Vater. Sie spielen später auch Schule. Und in all diesen Spielen wird immer wieder eingeübt, was man schon kennt. Damit wird das, was man schon kennt, verfestigt. In immer wieder neuen Erlebnissen verankert. Und so werden aus einzelnen Bewertungen, aus einzelnen Entscheidungen letztlich abgespeicherte Werte. Es ist eine gelebte Bewertung. Und damit wird das Bewerten genauso gelernt wie das Sprechen. Nämlich automatisch, indem man es einfach nur macht.

Wir lernen das Sprechen nicht dadurch, dass wir eine Grammatik auswendig lernen. Und wir lernen auch das Bewerten nicht dadurch, dass wir irgendeinen ethischen Kodex oder die Bibel oder was auch immer auswendig lernen. Aber wir wachsen in einer Wertegemeinschaft auf, so wie wir in einer Sprachgemeinschaft aufwachsen. Wir nehmen diese Werte anhand vieler Beispiele in uns auf, als allgemeine Werte. Und verhalten uns später entsprechend. Wichtig ist, dass es hierfür genügend Gelegenheiten gab, dass andere Menschen da waren, die das vorgemacht haben. Die mit den Kindern zusammen bewertet und entschieden haben. Ist das der Fall, werden Menschen entstehen, die von allein das Richtige tun, weil sie es gar nicht anders können. Und genau das wollen wir.

Meilensteine der Entwicklung

Je älter das Kind wird, desto größer wird das soziale Umfeld. Es lernt dann in und von der Gruppe. Im Alter von vier Jahren kann es sich in andere Menschen einfühlen. Es hat begriffen, dass andere Menschen anders denken als es selbst. So bilden sich erste echte Freundschaften aus. Mit fünf, sechs Jahren ist die Empathie, das Einfühlungsvermögen so weit ausgebildet, dass das Kind ein Unrechtsempfinden entwickelt hat. Es beginnt aber auch zu vergleichen. Ich bin stärker als du. Ihr Kleid ist schöner als meines. Das Kind versteht, dass es Andersartigkeit gibt. Andere Perspektiven auf die Welt. Andere Denkweisen. Andere Kulturen. Dieses Verständnis führt aber auch dazu, dass Märchen tatsächlich zu Märchen werden, deren Inhalt mit der Wirklichkeit unter Umständen nichts zu tun hat. Was heißt: In diesem Alter beginnen Kinder, anderen Menschen Märchen aufzutischen. Sie verstehen Witze und Ironie.

DIE UMGEBUNG DURCH FORTBEWEGUNG EROBERN

In den ersten zwei Jahren lernt das Kind die Grundelemente der Fortbewegung, entwickelt eine gewisse Handfertigkeit. Was geschieht aber, wenn es älter wird, genauer gesagt in der Zeit zwischen drei und sechs Jahren? Sofort sichtbar ist: Das Trippeln wird jetzt mehr zu einem Gehen. Zu einem rhythmischen Akt. Das Kind hat auch einen größeren Drang, sich zu bewegen. Es will herumtollen. Herrlich ist das. Ständig werden Möglichkeiten entdeckt, um die eigene Fortbewegung zu verbessern, zu präzisieren, zu sichern. Entscheidend ist hierbei, dass sich dadurch die Welt weitet. Es kommt nun in Gebiete, in denen es bislang nie war. Es sieht Dinge, die es zuvor nie gesehen hat. Es kommt mit Menschen in Kontakt, die dem Kind bislang fremd waren. Das ist eine enorme Erweiterung des Lebens.

Es setzt sich sogar auf ein Fahrrad. Gut, die Pedale werden ignoriert, die Füße sind am Boden. Aber es bewegt sich ohne Schwierigkeiten schnell vorwärts. Das Nervensystem, das all das möglich macht, entwickelt vor allem drei Komponenten. Zum einen ein Gleichgewichtssystem, damit der Gang sicher wird. Zweitens muss die Kraft in den Muskeln stimmen, damit die Bewegung gezielt ausgeführt werden kann. Und drittens braucht es eine Kontrolle des Gehirns über die Muskeln. Das Gehirn leitet die Befehle nämlich an die Muskeln weiter. Sind diese drei Bedingungen erfüllt, kann sich das Kind nach dem dritten Jahr deutlich sicherer bewegen. Was hilft dabei, diese Bewegung zu verbessern? Es ist ganz einfach:

Man gibt dem Kind möglichst viele Gelegenheiten zur Bewegung. Zu sicheren Bewegungen. Und man sollte auch dafür sorgen, dass es verschiedene Möglichkeiten der Fortbewegung erfährt. Fahrrad fahren, schwimmen, Ski fahren. Das wird möglich durch mehr rhythmische Bewegungen; nicht nur die Beine und Arme, sondern der ganze Körper ist im Einsatz. So wird die Koordination der Muskeln sichergestellt. Dabei hilft, dass die Verbindungen vom Gehirn zu den Muskeln über die Nerven jetzt präziser und schneller ablaufen. Die Nerven werden mit einer Isolierschicht umgeben, die die Geschwindigkeit der Übertragung um ein Hundertfaches erhöhen kann.

Hinzu kommt, dass das Kleinhirn nun die Verantwortung übernommen hat, alle Abläufe besonders zu kontrollieren. Wie wird ein Bewegungsablauf durchgeführt und koordiniert? Damit bei diesen Prozessen nichts schiefgeht, wird dieses Kleinhirn verstärkt eingeschaltet. Es kontrolliert aber nicht nur, wenn nötig, korrigiert es auch. Auch die beiden Hirnhälften können besser koordiniert werden. Nicht zu vergessen die Basalganglien, kleine Gebilde im Zentrum des Gehirns, die wichtig für die Durchführung von automatischen Bewegungen sind. Sie werden ebenfalls dazugeschaltet. Und die Basalganglien haben noch eine weitere Eigenschaft: Sie ermöglichen, dass das Kind auch Vergnügen empfindet, Freude an der Bewegung.

Glück und Bewegung liegen im Gehirn nah zusammen

Bewegungen und Bewertungen liegen im Gehirn nah beieinander. Insbesondere Bewegungen und positive Bewertungen. Positive Emotionen. Man kann fast sagen, dass Bewegung und Glück im Gehirn nah beieinanderliegen. Manche Neuronen befinden sich tief im Gehirn, im Mittelhirn, sie produzieren den Botenstoff Dopamin. Das Dopamin gelangt zum einen in die Basalganglien, die für Bewegung zuständig sind, also in bestimmte Ansammlungen von Nervenzellen, die für alle Bewegungsprogramme zuständig sind. Dadurch klappt das Laufen, das Greifen und das Fangen richtig gut. Erkrankt man jedoch an Morbus Parkinson, eine Erkrankung, die mit einem Verlust von Nervenzellen einhergeht, läuft dieses System nicht mehr rund. Es kommt zu einem Zittern, zu einer Erstarrung von Bewegungsvorgängen.

Auf fast die gleiche Weise gelangt Dopamin zu einem anderen Teil der Basalganglien. Und dort verursacht der Botenstoff etwas ganz anderes. Er sorgt dafür, dass wir etwas gut finden. Und wenn ich etwas gut finde, dann will ich da auch hin. Mit anderen Worten: Etwas gut finden und sich bewegen sind nicht nur nah beieinander, sie sind fast identisch. In dem Sinne, dass sie eng zusammengehören. Das, was ich gut finde, das will ich haben. Da will ich hin. Und genau deswegen hat die Natur es so eingerichtet, dass das Gutfinden und das Bewegen eng beieinander sind. Aus diesem Grund fühlen sich Bewegungen auch gut an. Und aus diesem Grund schreit der glückliche Mensch »Hurra« und springt herum. Glück und Bewegung hängen eben ganz unmittelbar zusammen. Deshalb geht es bei der motorischen Entwicklung auch nie nur um Motorik. Man stellt keinen Motor an, der da rattert und sich rein mechanisch bewegt. Der menschliche Körper ist zwar eine unglaublich ausgeklügelte Maschine, aber die Motorik ist weitaus mehr als Mechanik.

Positives Lernen durch den Seiltänzergang

Hüpfen macht Kindern Spaß. Und wenn sie Spaß haben, hüpfen sie. Das bedingt sich gegenseitig. Erwachsene Menschen joggen. Manche ein wenig widerwillig, aber die meisten wissen, dass sie sich hinterher richtig klasse fühlen. Und selbst beim Joggen haben sie schöne Momente. Ihnen kommen neue Gedanken. Sie werden beim Laufen kreativ. Bei Kindern ist das auch so. Sie sind keine Manager, die auf kreative Einfälle hoffen, aber sie sind Menschen, die dauernd neue Dinge erleben. Die sich auf neue Situationen einstellen müssen. Weil sie die Welt noch gar nicht kennen. Sie wollen spannende Dinge erleben, sich auf sie zubewegen. Bewegung, positives Erleben, Glück und Lernen sind bei Kindern aus diesem Grund eng miteinander verknüpft. Deswegen brauchen Kinder die Möglichkeit, sich zu bewegen. Sie brauchen vielleicht auch ein bisschen Anleitung. »Komm, probiere doch mal dies. Versuch doch mal das. Kannst du schon einen Purzelbaum? Auf einem Bein hüpfen? Rückwärts laufen? Oder rückwärts laufen und die Beine immer genau hintereinander setzen? Man spricht vom Seiltänzergang rückwärts. Kannst du das schon?«

Viele Kinder können heute kompliziertere Bewegungen wie den Seiltänzergang rückwärts nicht einmal, wenn sie schon in der Schule sind. Obwohl sie mit vier oder fünf Jahren solche Bewegungen, wie man heute gerne sagt, draufhaben sollten. Kinder sollten früh zu Bewegungen, auch zu strukturierten Bewegungen angeleitet werden. Man sollte mit Kindern zum Baden gehen. Sie sollten erst Dreirad fahren lernen, dann das Radfahren. Ihre Feinmotorik kann sich mit vier oder fünf Jahren an einem Musikinstrument üben. Und das Schöne dabei ist: Kinder lernen nicht nur dieses Instrument, sie lernen auch: Wenn ich übe, werde ich besser. Und wenn sie das gelernt haben, haben sie etwas ganz Wichtiges gelernt. Nämlich Selbstwirksamkeit. Sie haben erfahren: Ich kann es, und wenn ich mir Mühe gebe, kann ich es erst recht. Das heißt, das Mühegeben lohnt sich. Und Eltern wissen von diesem Punkt an, dass fortan alle acht Wochen unsägliche sonntägliche Vorführungen stattfinden. Beim Vorspielen kratzt das Kind auf der Geige herum, und die Eltern finden natürlich ihr eigenes Kind am tollsten. Das Ganze ist wunderbar, doch keiner traut sich, allein seinem Kind zuzuhören, deswegen ist Publikum eingeladen, deswegen sind noch andere junge Akteure da.

Diese Akteure werden später, wenn eine andere Prüfung ansteht, selbstbewusst sagen: »Ich kann das. Ich kann mich hinstellen. Ich schaffe auch ein Solo.« Und das Wichtigste, was sie dabei lernen, ist genau das: Ich krieg das hin. Ich kann das. Dafür brauchen sie aber Gelegenheiten. Und diese Gelegenheiten bekommen sie beim Üben von Dingen. Musik und Sport sind ganz wichtige Bereiche, mit denen Kinder nicht früh genug anfangen können, um ihnen das Üben beizubringen. Um gleichsam das Üben zu üben. Man weiß, dass Kinder, die in diesen Bereichen engagiert sind, hinterher in fast allem – ganz gleich, was man testet, was man untersucht – besser sind als Kinder, die nicht Sport treiben oder musizieren. Grob- und Feinmotorik sind ganz wichtig für das emotionale Erleben. Und ganz wichtig für das Lernen. Das sollten wir nutzen.

ÜBUNG MACHT DEN MEISTER

Entwickelt sich die Feinmotorik, verbessert sich auch die Handfertigkeit des Kindes, es kann dann besser mit Gegenständen umgehen. Ihm wird dadurch die Möglichkeit gegeben, noch mehr in seiner Welt zu erleben. Und auch zu verändern. Zwischen drei und vier Jahren ist das Gehirn so weit entwickelt, dass das Herumkritzeln allmählich ins Zeichnen übergeht. Zumindest hat ein Mensch dann einen Kopf und Füße. Es kann sich auch für kurze Zeit auf diese Aufgabe konzentrieren. Das gelingt, weil im Gehirn die Zentren, die die Bewegung kontrollieren, jetzt auch Feinabstufungen einschließen. Und das Stirnhirn kann nun weiter entwerfen, durchführen, dirigieren. Mit fünf, sechs Jahren kann aus diesem Grund ein Kind einen Blei- oder Farbstift mit drei Fingern halten und hat so eine gute Kontrolle über ihn, das Zeichnen gelingt.

Auch die Augen-Hand-Koordination entwickelt sich weiter, sodass aus dem Kopffüßler jetzt ein Mensch mit Armen und Beinen wird. Ebenso gelingt das Bauen mit Klötzen. Damit schafft ein Kind sogar dreidimensionale Gebilde. Kann ein Haus bauen. Eine Brücke bauen. Es wird fähig zu basteln. Das Kind kann nun wirklich interessante Dinge planen, durchführen und anschließend Freude daran haben. Es kann zum Beispiel eine Halskette basteln und damit auch anderen ein Geschenk machen. Wichtig ist bei diesen neuen Möglichkeiten, dass Eltern deutlich zeigen, dass sie toll finden, was da gerade passiert. Dass sie Interesse zeigen an dem, was sich da auftut. Dass sie Gelegenheiten geben, vieles auszuprobieren. Dass sie für Ruhe und Zeit sorgen. Dass sie das Kind nicht mit zu vielen Dingen überfordern. Bei entsprechender Frühbegabung und Neugierde kann auf einem Musikinstrument geübt werden.

Ein eigenes Erlebnis fällt mir ein, ich war damals sechs Jahre alt. In der Schule sollten wir für die Soldaten Waschlappen stricken. Wochenlang mühte ich mich mit diesem Waschlappen ab. Schließlich sollte er in wenigen Tagen fertig sein, damit man die Waschlappen aller Schüler den Soldaten schicken konnte. Die Lehrerin schaute auf meinen Waschlappen, der jedoch nur zur Hälfte fertig war, und sagte: »Ich beende das.« In zehn Minuten war die zweite Hälfte geschafft. Ich schaute den Waschlappen an, meine Hälfte war dunkelgrau, die der Lehrerin schneeweiß. Da habe ich begriffen, was es heißt, etwas zu üben. Dass man üben muss, dass man das trainieren kann und dass man, dann auch etwas leistet.

Wieder hilft uns hier das Gehirn. Das Stirnhirn gibt uns die Möglichkeit zum Denken. Zum Durchführen und Beurteilen. Die beiden Hemisphären geben jeweils ihren Input. Und vor allem verfügt der Mensch dank dieser Gehirnentwicklung jetzt über eine längere Konzentrationsfähigkeit. So kann er Ziele formulieren. Und für diese Ziele trainieren, um sie mittels einer guten Durchführung auch zu erreichen. Das Gehirn gestattet uns, dass wir durch Übung ein Meister oder eine Meisterin werden.

WARUM LERNEN SPASS MACHT – VON SIEBEN BIS ZWÖLF JAHREN

HIRNFORSCHUNG UND SCHULE

Im Alter zwischen sieben und zwölf Jahren findet Lernen auch in der Schule statt. Wo man eigentlich nicht mehr Spaß am Lernen haben soll. Aber Lernen macht Spaß. Und es ist auch wichtig, dass das Lernen Spaß macht.

Aber warum macht das Lernen überhaupt Spaß? Weil es von Neugier ausgelöst wird, von Neugier getrieben ist. Und wenn das Lernen von Neugier getrieben ist, passieren neue, interessante Dinge. Das beinhaltet ja das Wort »Neugier«. Die Gier nach etwas Neuem. Nun wissen wir aus der Gehirnforschung, dass dann, wenn etwas Spannendes geschieht, dieses Spannende, dieses Neue sehr rasch gelernt wird. Bestimmte Hirnvorgänge beginnen auf einmal, aktiv zu werden. Das Neue wird dadurch als Neues erkannt, als etwas Interessantes, und sogleich erfolgt eine Bewertung: Das gilt es zu lernen. So wird das Neue intensiv betrachtet und anschließend verarbeitet. In viel tieferen Gehirnregionen als normalerweise.

Eigentlich müsste die Schule nicht als »Ernst des Lebens« bezeichnet werden, sondern als »Spaß des Lebens«. Im Gehirn gibt es nämlich keinen Knopf, der je nach Situation auf »Schule« oder »Freizeit« umschaltet. Es gibt auch nicht irgendeine prinzipielle Art und Weise des Lernens, die nur in der Schule ihren Ort hat und nirgendwo anders. Zu unterscheiden ist nur das, was man lernt. Man kann lernen, Rad zu fahren. Man kann eine Fremdsprache lernen. Man kann lernen, sich gut zu benehmen. Oder auch das Gegenteil: Man kann lernen, sich schlecht zu benehmen. All das ist möglich. Und bei all dem geht es um eine Form des Lernens, nicht um mehrere. In der Freizeit wird nicht anders gelernt als in der Schule. Darum geht es mir, und darum, wie man es richtig macht.

Im Alter von sechs, sieben Jahren beginnt die Schule. Das spielerische Lernen der Vorschulzeit wird abgelöst durch ein mehr systematisches, mehr strukturiertes Lernen. Jetzt werden die Lehrer sehr wichtig, sie haben die Aufgabe, größere Zusammenhänge so zu vermitteln, dass sie gelernt werden können. Sie sollen dafür sorgen, dass Kinder Regeln verstehen. Und sich an Strukturen halten. Für ein Kind sind das keine leichten Aufgaben. Es macht aber mehr Spaß, je mehr es realisiert, wie sich dadurch seine Welt vergrößert, wie es so mehr Erfahrungen machen kann. Verfolgen wir den Lebensweg eines Kindes zurück, ist zu erkennen, dass es im Prinzip immer die gleiche Triebkraft ist, die es zum Lernen antreibt. Es geht darum, die Welt besser zu verstehen und mehr in ihr zu erleben.

Auf einmal systematisch lernen

Während das Lernen früher mittels der Sinne erfolgte, die Haupttriebfeder direkte Handlungen waren und das unmittelbare Vergnügen daran, geht es nun um ein systematischeres Lernen. Nicht immer steht da die Freude an erster Stelle, sondern die Notwendigkeit, etwas Bestimmtes zu lernen. Und das erfordert vom Kind eine enorme Anpassung an diese neuen Lebensumstände.

Doch nicht nur ein Lob, ein Stück Schokolade, schöne Musik oder ein netter Blick machen Spaß, wie man wissenschaftlich nachgewiesen hat. Nein, auch das Verstehen selbst macht Spaß. Wenn ich irgendetwas verstanden habe. Irgendeine Einsicht bekommen habe, wie eine Sache funktioniert. Wie Dinge ablaufen. Wie Ebbe und Flut mit den Anziehungs- und Fliehkräften von Mond und Erde zusammenhängen. Oder wie bestimmte Zahlen in einer ganz verrückten Art Einheiten bilden. Oder wie Lebewesen in unwirtlichen Gegenden überleben können. Wenn ich das begreife, habe ich plötzlich ein Aha-Erlebnis. Da muss ich an den berühmten antiken griechischen Mathematiker Archimedes denken, der in solchen Momenten nackt durch Syrakus lief und schrie: »Ich habe es, ich habe es.« Er war dann höchst verzückt.

Nun rennen Kinder nicht nackt in der Schule herum und sind höchst verzückt. Aber wenn sie etwas verstanden haben – und das kennt jeder –, freuen sie sich. Es macht unglaublich viel Spaß, Dinge zu verstehen. Dinge auseinanderzunehmen. Oder eben auch zusammenzusetzen. Bis sie letztlich funktionieren. Wenn ich etwas gebaut habe und es funktioniert, habe ich es auch verstanden. Und wenn ich etwas auseinandergenommen habe und alle Einzelteile kenne und sehe, wie sie ineinandergreifen, dann habe ich es ebenfalls verstanden. Verstehen macht Spaß. Wenn es funktioniert.

Aber nicht alles Lernen ist Verstehen. Man kann zum Beispiel Laufen oder Sprechen lernen, ohne etwas verstanden zu haben. Das passiert einfach so. Es dauert aber auch ziemlich lange. Ein kleines Kind braucht einige Zeit, bis es die Bewegung des Laufens auf zwei Beinen draufhat. Ein paar Wochen bis ein paar Monate. Wenn ein Erwachsener ziemlich schnell eine neue Sprache lernt (nicht immer ist das der Fall), kann es daran liegen, dass er sie versteht. Er kann und will nicht darauf warten, bis die vielen Ereignisse, die beim Sprechen im Kopf stattfinden, Spuren hinterlassen, neue sprachliche Gedächtnisspuren. Aber er kann sich überlegen, wie die neue Sprache funktioniert. Kann sie auseinandernehmen. Sätze zusammensetzen. Nach den Regeln, die man als solche verstehen kann. Und dann geht alles wie von selbst.

Problemfeld Schule

Letztlich ist Schule der Versuch, diese Art des Lernens auf Kinder zu übertragen. Doch hier knirscht es im Gebälk. Wenn nämlich der Erwachsene, also der Lehrer oder die Lehrerin, sich überlegt, wie er das machen würde, wie es für ihn funktionieren würde, um es anschließend den Kindern beizubringen, dann geht es schief. Der Grund: Die Kinder sind gerade erst dem Kindergarten entstiegen und haben bislang auf ihre Weise gelernt, dergestalt, dass sich Spuren, Gedächtnisspuren in den Köpfen ändern. Einfach nur, indem man den Kopf benutzt. Mit dem Verstehen tun sie sich dagegen schwer, vor allem, wenn sie den Lehrer nicht mögen. Sagt er etwas und ich mag ihn nicht, dann glaube ich ihm nicht. Nehme nicht das an, was er erzählt. Dann mag man auch das nicht, was er von sich gibt, auch wenn es möglicherweise noch so spannend ist. Und schon klappt es mit dem Lernen nicht mehr.

Es ist also gar nicht so einfach, diesen Übergang zu schaffen. Zwischen dem, was die Wissenschaftler impliziertes Lernen nennen, das einfach so passiert, ohne dass ich groß darüber nachdenke, und dem expliziten Lernen, dem bewussten Verstehen, der bewussten Aneignung. Implizit kann ich Fahrrad fahren. Wenn mich aber jemand fragt, wie ich das mache, fängt es an, schwierig zu werden. Explizit weiß ich, dass der höchste Berg der Welt Mount Everest heißt. Da habe ich nicht lange überlegt. Da muss ich auch nicht lange überlegen. Das ist Fakt. Irgendwann einmal habe ich es gelernt. Und Glück gehabt, dass ich es nicht wieder vergessen habe. In der Schule findet permanent beides statt. Implizites und explizites Lernen. Ich habe Einüben- und Verstehenserlebnisse. Ich entdecke plötzlich neue und interessante Sachen. Und gleichzeitig übe ich sie ein. Und dieses Zusammenspiel beider Lernprozesse muss funktionieren, damit Lernen funktioniert.

INNERE MOTIVATION VON HANDLUNGEN

Das Verhalten eines kleineren Kindes wurde im Wesentlichen bedingt durch unmittelbare Bedürfnisse. Was ihm Freude macht, wurde durchgeführt. Wenn es bei einer Sache keinen Spaß oder sogar Angst hatte, wurden die Aktivitäten gehemmt. Die Handlungen des Kindes wurden also stark von außen bestimmt. Mit dem Älterwerden werden Handlungen vermehrt durch eine innere Motivation durchgeführt – oder nicht durchgeführt. Das ist ein entscheidender Schritt. Denn damit wird es nun möglich, dass das Kind lernt, Instruktionen zu befolgen. Aber dass es auch von sich aus tätig wird, weil es das Gelernte anwenden kann.

Dazu ein Beispiel: Man hat die Beobachtung gemacht, dass acht Prozent aller Kinder, die in eine Grundschule eintraten, schon Lesen und Rechnen konnten, bevor sie überhaupt je eine Schule von innen gesehen hatten. Wie war das zu erklären? Diese Kinder, so fand man bei näherer Betrachtung heraus, hatten drei verschiedene Umgebungen. Die eine Gruppe wurde von den Eltern gesteuert und angefeuert. Beinahe waren sie sogar ein bisschen von den Eltern zu Hause zum Lesen und Rechnen gezwungen worden. Die zweite Gruppe hatte als Vorbild die älteren Geschwister genommen. Sie haben das Lesen und Rechnen von ihnen abgeguckt und haben es nachgemacht. Und wollten es auch gut nachmachen. Die dritte Gruppe hatte von sich aus gelernt.

Und nun wird es interessant: Drei Jahre nach Schuleintritt, also im Alter von zehn Jahren, hatte die erste Gruppe, die von den Eltern gesteuert wurde, ihren Vorsprung praktisch verloren. Die Gruppe, die von den Geschwistern gesteuert wurde, hatte noch einen minimalen Vorsprung. Die Schüler aber, die von sich aus das Lesen und Rechnen gelernt hatten, konnten sich ihren deutlichen Vorsprung vom ersten Schuljahr bewahren. Das zeigt, wie wichtig die innere Motivation ist.

Es ist in dem Zusammenhang besonders spannend, die spontanen Aktivitäten des Kindes zu beobachten. Was macht es gern von allein? Mit was spielt es? Mit was beschäftigt es sich? Welche Möglichkeiten werden bevorzugt genutzt?

Macht es Spaß, Klavier zu spielen?

Einmal kam ein Vater zu mir und sagte: »Also, mein Sohn. In unserer Familie haben alle gern Klavier gespielt. Und ich kann einfach nicht verstehen, dass mein Sohn es nicht so gerne tut. Aber macht es überhaupt Sinn, dass wir ihm Stunden geben?«

Ich fragte ihn: »Wie häufig setzt sich denn Ihr Sohn ans Klavier und spielt?«

»Zweimal.«

»Aha, zweimal pro Tag?«

»Nein, nein. Zweimal pro Woche.«

»Sehen Sie«, sagte ich. »Wenn so wenig spontane Aktivität gegeben ist, zumal das Klavier jederzeit zugänglich im Wohnzimmer steht, dann fehlt wirklich die innere Motivation. Und dann macht es keinen großen Sinn, dieses Kind damit zu plagen. Beobachten Sie als Eltern das Kind. Das Kind wird sich schon das aussuchen, was es wirklich gerne tut. Es wird grundsätzlich größere Freude beim Lernen haben, wenn es zu einer Sache nicht gezwungen wird.«

Ich möchte ein persönliches Beispiel anfügen. Meine älteste Tochter kam eines Tages auf mich zu und sagte: »Papa, wie geht eigentlich Gitarre spielen?« Sie wollte es wissen, weil sie mich gerade beobachtet hatte, wie ich auf meiner Gitarre herumklimperte. Auch hatte man schon in der Schule über dieses Instrument gesprochen. Ich antwortete: »Komm her, Ulla. Ich zeig es dir schnell.« Das Ganze war natürlich absurd. Bis man Gitarre richtig spielen kann, braucht es einige Zeit. Ein solches Können ist viel mit Übung verbunden. Aber die spielerische Annäherung war immerhin geglückt. Ulla wollte auf dem Instrument spielen.

Nun habe ich schon vielen Menschen das Gitarrespielen beigebracht, kannte also einige Tipps, einige Klippen, und vor allem wusste ich, wie man anfängt und was man tun kann. All das habe ich Ulla ruhig erzählt. Aufmerksam hat sie zugehört. Wir besaßen beide eine Gitarre, und so konnte sie immer gleich das Gesagte ausprobieren. Zu meiner großen Verblüffung nahm meine Tochter alles sehr rasch in sich auf. Verdaute es sozusagen. Um dann allein weiter in ihrem Zimmer zu üben, nachdem ich gemeint hatte, für heute würde es reichen. Sie machte ohne mich weiter, weil sie Spaß daran hatte. Innerhalb weniger Wochen konnte sie so gut Gitarre spielen, dass sie dazu singen konnte, aber auch andere konnten mitsingen. Ulla wurde dann Teil des Familienorchesters. Und was bei der Gitarre gelang, funktionierte auch bei anderen Instrumenten. »Papa, wie geht Trompete spielen?« – »Komm, ich zeig es dir schnell.« – »Papa, wie geht Saxofon spielen?« – »Komm, ich zeig es dir schnell.« Wenn man glücklicherweise all diese Instrumente zu Hause herumliegen hat und man sie selbst beherrscht und die Grundzüge zeigen kann, werden aus den neugierigen Kindern tatsächlich welche, die viele Instrumente spielen und daran auch Spaß haben.

Ich habe einen Freund, dessen Kind sollte Geige spielen lernen. Irgendwann hat der arme Junge auf dem Instrument erbrochen. In diesem Moment war auch den Eltern klar, dass die Geige wohl nicht das geeignete Instrument für den kleinen Jungen war. Er hat danach nicht mehr Geige lernen müssen. Eine andere meiner Töchter hatte sich ebenfalls einmal mit der Geige beschäftigt. Aber auch nur, weil sie ihre Eltern, meine Frau und mich, unglaublich damit genervt hatte. Sie war vier, als sie damit anfing, unbedingt Geige spielen zu wollen, und irgendwann haben wir uns von der Kleinen breitschlagen lassen. Natürlich sorgten wir auch dafür, dass sie lernen konnte, auf dem Instrument zu spielen. Noch heute spielt sie auf ihrer Geige; sie kann es sehr gut.

Ich denke, an diesen Beispielen ist zu erkennen, wie es funktioniert und wie es nicht funktioniert. Wenn wir Eltern eine Vorstellung davon haben, was unsere Kinder lernen müssten, ist das nicht unbedingt das, was die Kinder lernen wollen. Ist es umgekehrt: Wollen Kinder etwas, kann das Berge versetzen. Wenn Kinder etwas wollen, sind sie unglaublich motiviert. Eltern müssen sich dann überhaupt nicht fragen: Wie motiviere ich mein Kind, dieses oder jenes zu tun? Taucht diese Frage auf, ist prinzipiell etwas nicht in Ordnung. Denn im Grunde muss ein Kind nicht motiviert werden. Kinder sind in höchstem Maße von sich aus motiviert. Sie möchten ständig etwas tun. Sie möchten sich nicht langweilen. Und genau deshalb kann man darauf vertrauen, dass Kinder motiviert sind. Wichtig ist, dass es passt. Dass das Kind seine Motivation ausleben kann. Also das, was es machen will, auch tun kann. Ist das der Fall, wird es unglaublich schnell sehr viel lernen.

Meilensteine der Entwicklung

Im Alter von sechs, sieben Jahren ändert sich die Motivation, warum Kinder etwas lernen, grundlegend. Während im Vorschulalter die Freude am Tun, am unmittelbar Erlebten der Grund war, dass ein Kind lernt, kommt jetzt das systematische, zielorientierte Lernen hinzu. Ein Beispiel: Rad fahren lernt ein kleines Kind implizit. Indem es mit den Eltern Rad fährt und Spaß an der Bewegung im Freien hat. So übt es die entsprechenden Bewegungsabläufe in den nächsten Monaten Tausende Male durch. Selbstverständlich kann ein Kind auf diese Weise auch schwimmen lernen – indem es viel im Wasser herumplanscht. Doch etwa ab dem Grundschulalter will ein Kind richtig schwimmen können, es will sich mit seinen Schulfreunden messen. Es will dem Lehrer gefallen. Es hat ein Ziel vor Augen, das es antreibt. Das Kind lernt die Bewegungsabläufe nicht nur implizit, indem es im Wasser herumplanscht, sondern es folgt den Anweisungen des Schwimmlehrers. Es lernt die Schwimmtechnik vorsätzlich. Kraulen, Rückenschwimmen, Tauchen, Atmung et cetera.

AUFMERKSAMKEIT IST WESENTLICH FÜRS LERNEN

Im Alter von sechs, sieben Jahren kann die Aufmerksamkeit der Kinder auf zwei verschiedenen Wegen erregt werden. Entweder sie gehen von einem Ziel aus – sie wollen etwas wissen, möchten etwas tun – oder sie gehen von einer Situation aus, die für sie interessant ist, die sie spannend finden. Und zwar so sehr, dass sie eine Handlung begehen. Die erste Variante nennen wir »von oben nach unten« oder »top down«. Bei diesem Weg werden von einem Ziel aus die Systeme aktiviert und die Aufmerksamkeit erhöht, damit das Ziel auch erreicht werden kann. Das ist top down. Bei dem anderen Weg gehen die Kinder von einer vielversprechenden Situation aus. Das aktiviert die Handlungen und führt ebenfalls zu einer erhöhten Aufmerksamkeit. Wir nennen diesen Weg »bottom up«, »von unten nach oben«.

Mehr und mehr wird durch die Forschung deutlich, dass bei Kindern die größte Effizienz erzielt wird, wenn sie sowohl von oben nach unten als auch von unten nach oben durch etwas aktiviert werden. Dann kann sich eine Aufmerksamkeit bilden, die ganz wesentlich fürs Lernen ist.

Das war jetzt recht theoretisch. Was heißt das praktisch? Ein weiteres Beispiel: Ein vier- oder fünfjähriges Kind hat Freude an der Musik und es möchte unbedingt ein Instrument spielen können. Etwa Xylofon oder Trompete. Das ist eine Situation von unten nach oben. Sie ist durch die Freude, durch das Genießen bedingt. Nun möchte ein Kind von acht, neun Jahren ein Instrument spielen können. Es braucht Kenntnisse. Es braucht ein Ziel. Das Ziel könnte sein: Ich kann jetzt Klavier spielen. Und das ist top down. Das acht-, neunjährige Kind hat auch Freude an der Musik, aber es hat zugleich ein Ziel. Es will das Instrument beherrschen. Während das vier-, fünfjährige Kind eher direkt und unmittelbar Freude hat, Musik zu hören und zu produzieren. Mit acht Jahren ist das Kind auch bereit, Einsatz zu zeigen und sich anzustrengen, um ein Ziel zu erreichen. Es wird sogar, wenn Schwierigkeiten auftauchen, gelegentlich glauben, es kann sein Ziel niemals schaffen. Bei aufkommenden Zweifeln ist es wichtig, dass Eltern nicht anfangen, ihr Kind in seiner Mutlosigkeit zu bestärken. Sie sollten es aufmuntern und es dabei unterstützen, die Frustration zu überwinden, damit es seinen Einsatz aufrechterhält. Dann wird es auch an sein Ziel kommen. Und dann wird die Freude des Kindes am größten sein, wenn es sein Ziel erreicht, auch wenn es Anstrengung gekostet hat und sogar eine Frustphase überwinden musste. Das ist eine große Belohnung für ein Kind, es braucht keine andere mehr, nur das Wissen und das Gefühl, ein Ziel gepackt zu haben.

Kindern muss man unbedingt Frustrationen zumuten

Frustrationen werden nach heutigem Wissen auch in diesem Alter als etwas angesehen, was sehr wohl zur Entwicklung des Kindes beiträgt. Keinesfalls soll man immer nur für Situationen sorgen, die nie zu einer Frustration führen. Frustrationen gehören zum Leben und gehören auch zum Leben eines Kindes von sieben, acht Jahren. Es geht darum, sie zu überwinden, nicht darum, sie möglichst zu vermeiden. Die Annahme, dass man Kindern keine Frustrationen zumuten sollte, beruht zu einem gewissen Teil auf einer Fehlinterpretation von Sigmund Freuds Entwicklungspsychologie in den Zwanzigerjahren. Damals war man der Ansicht, dass Freud gezeigt habe, Frustrationen müssten zu Neurosen führen. Aus diesem Grund sollte man Frustrationen nicht einmal die Gelegenheit geben, sich zu entwickeln.

Diese Interpretation war jedoch falsch. Die Tochter von Freud, Anna Freud, hat in Vorlesungen nachgewiesen, dass ihr Vater etwas völlig anderes gemeint hatte. Es ist die Unfähigkeit, Frustrationen zu überwinden, die zu Neurosen führt. Die Konsequenz für Eltern, auch für Lehrer: Situationen, die Frustration bringen können, sollten nicht gemieden werden, sie sollten sogar vorhanden sein. Was aber gelernt werden muss und gelernt werden kann, ist, sie zu überwinden.

Es gibt noch einen weiteren Aspekt, den wir in diesem Zusammenhang beachten sollten. Wir sind gewohnt, die Leistungen eines Kindes zu loben, ihm zu sagen: »Das hast du gut gemacht. Eine tolle Leistung! Wir gratulieren dir!« Aber viel zu wenig wird darauf Rücksicht genommen, dass der Einsatz des Kindes, diese Leistung zu vollbringen, mindestens so wichtig ist wie die Leistung selbst. Also: Den Einsatz des Kindes für eine Leistung sollte man genauso ernst und genauso wichtig nehmen wie das Resultat.

Dazu ein weiteres Beispiel: Zwei Kinder liefern dem Lehrer oder der Lehrerin jeweils ein Bild ab. Das eine Kind hat ein besonders schönes Bild gemalt, alles ist wunderbar, die Komposition, die Farben, einfach alles. Das Kind wird sehr gelobt für das Bild, für die Leistung, die es vollbracht hat. Das andere Kind gibt ein Bild ab, das nicht so super ist, die Farben sind weniger schön, die Perspektiven stimmen nicht so ganz. Aber es hat daran gearbeitet, hat sich wirklich Mühe gegeben. Während das erste Kind die Aufgabe mehr oder weniger schnell erledigt hatte, musste das zweite Kind hart an dem Bild arbeiten. Es ist nun wichtig, dass man nicht nur das erste Kind lobt, sondern auch das zweite. Denn der Einsatz ist ebenso wichtig. Und das Lob ist besonders wichtig, wenn die Aufgabe Schwierigkeiten gemacht hat.

KORRIGIEREN UND SCHULTERKLOPFEN

Schwierigkeiten macht das Lernen tatsächlich ziemlich oft. Es macht eben manchmal keinen Spaß. Jetzt kommt es darauf an, was Eltern und Lehrer mit dieser Lustlosigkeit anfangen. Wie sie damit umgehen. Sagen sie: »Also, jetzt reiß dich mal zusammen! Jetzt wird mal ein bisschen gepaukt! Das muss sein! Das haben wir früher auch gemacht und das ist heute nicht anders.« Ja, so könnte man reagieren. Ich glaube aber nicht, dass es dem Kind guttut oder dem Lernprozess förderlich ist. Man könnte es so versuchen: »Ich weiß, du bist gerade nicht so gut drauf. Vielleicht ist dir auch heute nur eine Laus über die Leber gelaufen – aber versuche es doch mal!« In Ausnahmefällen, aber wirklich nur in Ausnahmefällen, geht es auch so: »Pass auf, jetzt übe doch noch mal fünf Minuten dieses Stück auf der Geige (Gitarre). Mach doch bitte noch mal die drei Matheaufgaben. Danach machen wir auch was zusammen, zum Beispiel einen Spaziergang.«

Wichtig ist zunächst, dass etwas Positives anklingt. Aber schlagen Sie bitte keinen Kinobesuch, kein Killerspiel oder irgendeine Fernsehsendung vor, denn damit macht man genau das noch wichtiger als das Lernen und wertet es auf, was man nicht tun sollte. Einen Spaziergang kann man jedoch aufwerten. Das Kind soll ruhig denken: Oh, ein Spaziergang ist offensichtlich etwas Tolles! Und es wird sich womöglich, wenn es gut geht, auch etwas mehr Mühe beim Lernen geben. Man kann den Spaziergang auch durch ein Stückchen Schokolade ersetzen. Doch das sollte nur die Ausnahme von der Ausnahme sein.

Und noch seltener sollte man sagen: »Du kriegst einen halben Euro, wenn du mehr lernst.« Warum aber kann eine solche Maßnahmen manchmal funktionieren? Überlegen wir, warum wir morgens zu unserer Arbeit gehen. Natürlich wollen wir für das, was wir tun, bezahlt werden. Geld motiviert uns (und nicht nur uns, weltweit ist es der größte Motivator). Und das funktioniert nicht nur bei Erwachsenen, auch bei kleinen Kindern ist das der Fall. Das Problem mit diesen externen Motivatoren ist aber Folgendes: Wir arbeiten dann nicht mehr gerne aus eigenem Interesse heraus. Und selbst diejenigen, die eigentlich gerne etwas tun, reißen ihre Arbeit irgendwann nur noch runter, weil die einzige Belohnung für diese das Geld ist. Man muss mich bezahlen, dass ich sie überhaupt mache. Solche Gedanken schleifen sich ganz schnell ein. Und vor allem Kinder sind sehr sensibel für solche Gedanken. Wenn es also Dinge gibt, die Spaß machen und die ich machen möchte, und andere, für die mich Mama, Papa, Oma oder Opa oder wer auch sonst bezahlen muss, damit ich sie tue, dann können diese anderen Dinge ja wirklich nichts Rechtes sein. Und dann möchte ich auch die nicht mehr machen.

Das ist das Letzte, was wir unseren Kindern beibringen dürfen: dass sie nur dann lernen, wenn sie dafür bezahlt werden, wenn sie dafür Schokolade bekommen oder irgendetwas anderes. Wichtig ist also, dass wir auf keinen Fall die interne Motivation, die Kinder beim Lernen haben, dadurch austreiben, dass wir ständig mit externen Motivatoren aufwarten: »Wenn du das und das tust, dann bekommst du etwas von mir.« Wer permanent auf solche Maßnahmen setzt, zerstört in der Tat das Bedürfnis nach Neuem, nach Interessantem. Vergiftet sozusagen die Lernatmosphäre. Deswegen die kleinen Tipps einzig im Ausnahmefall anwenden. Und am besten fängt man mit Dingen an, die auf den ersten Blick vielleicht gar nicht so toll für das Kind sind. Wobei man sie selbst mit großem Enthusiasmus vortragen sollte: »Dann machen wir einen Spaziergang!« Oder: »Dann kriegst du von mir den schönsten Apfel, den ich in der Obstschüssel habe!« Kinder mögen eventuell gar keine Äpfel, sondern lieber Schokolade. Aber wenn man selbst so von dem Apfel schwärmt, schwappt das womöglich ein bisschen über. Und dann wird der Apfel auch als Belohnung empfunden.

Stolz wird immer unterschätzt

Kinder lernen so nicht nur: »Jetzt gebe ich in den nächsten fünf Minuten noch mal so richtig Gas«, sie lernen nebenbei auch noch, dass es bestimmte belohnende Dinge gibt, die ihnen auch guttun, nämlich Äpfel und Spaziergänge. Man muss in diesem Zusammenhang ein Wort ansprechen, das wir uns fast abgewöhnt haben: Stolz. Stolz, so reden wir nicht über uns selbst, mögen es schon gar nicht sein. Wir mögen es auch nicht bei anderen. Denn Dummheit und Stolz sind aus einem Holz. Und zudem kennen wir meist Menschen, die sich in ganz ungerechtfertigter Weise einbilden, auf etwas stolz zu sein. Und die mögen wir gleich gar nicht.

Was hat also der Stolz hier zu suchen? Nun, haben Sie schon einmal einem kleinen Kind zugeschaut, das gerade irgendetwas gemeistert hat? Zum Beispiel hat es gerade gelernt, Fahrrad zu fahren oder ohne Schwimmflügel zu schwimmen. Die Kleinen sind mächtig stolz auf das, was sie selbst hingekriegt haben. Stolz ist ein positiver Affekt, wie auch Selbstwirksamkeit, aber noch mehr trifft das auf Stolz zu: »Schaut her! Ich kann es!« Stolz hat außerdem eine soziale Komponente: »Ich habe gerade meinen Wert für die Gemeinschaft wahnsinnig gesteigert. Denn ich kann jetzt auch herumsausen wie alle anderen. Schwimmen wie alle anderen.« Oder: »Ich habe auch eine Zwei in Mathe geschrieben. Wie einige andere aus meiner Klasse.«

Diesen Stolz dürfen wir Kindern nicht nehmen. Und nicht nur das. Wir müssen ihnen diesen Stolz lassen, müssen ihn mit ihnen zusammen feiern. Warum? Hierzu gibt es mittlerweile recht interessante Erkenntnisse. Stellen Sie sich vor, Sie machen irgendeinen belanglosen Test, und hinterher sagt Ihnen der Versuchsleiter: »Das haben Sie richtig gut gemacht! Also, wenn ich ehrlich bin, wir hatten bislang kaum jemanden hier, der das so gut gemacht hat!« Nebenbei: Den Test muss man so anlegen, dass die teilnehmende Person selbst nicht weiß, ob sie ihn gut oder schlecht absolviert hat. Also ein Test, der nicht wirklich etwas Gescheites misst. Egal! Sie wurden gelobt. Sie sind mächtig stolz. Darüber, dass Sie zum Beispiel bessere Hörschwellen haben als andere Menschen, weil Sie Töne hören, die sonst kaum jemand wahrnimmt. Nun, Sie wissen ja selbst nicht, wie leise die wirklich waren, Sie haben nur manche gehört und manche nicht. Und deswegen können Sie nie wissen, wie gut Sie tatsächlich waren. Aber es kann Ihnen jemand sagen, ein anderer: »Mensch, hast du aber supergute Ohren!« Oder: »Du hast ja klasse Augen! So scharf, wie du siehst.« Oder was auch immer.

Danach lässt man Sie eine langweilige Aufgabe machen, mit der Bemerkung: »Machen Sie das mal. Und wenn Sie keine Lust mehr haben, hören Sie einfach auf.« Und was passiert? Diejenigen, die eben durch den Versuchsleiter hervorgehoben wurden, arbeiten mehr als 50 Prozent länger an der langweiligen Aufgabe als die anderen. Kontrollexperimente haben gezeigt, dass das nicht an der guten Stimmung liegt. Man kann nämlich auch eine gute Stimmung auslösen, indem man sagt: »Ja, der Test war ganz okay«, und anschließend lustige Bilder zeigt. Die Leute sind dadurch alle gut drauf, aber sie arbeiten längst nicht so lange wie die, die stolz sind. Man kann Ihnen auch nur mitteilen, dass Sie wirklich gut waren, aber ohne dieses soziale Schulterklopfen, ohne Stolz in der Stimme: »Sie haben 95 von 100 Punkten. Und ja, jetzt machen wir weiter.« Das hat ebenfalls keinen Effekt.

Es ist also nicht die gute Stimmung, auch nicht die einfache Stimmung: »Ja, ich kann viel.« Es ist der Stolz. Jemand klopft einem auf die Schulter und sagt: »Mensch, das hast du richtig klasse gemacht!« Und genau das führt sogar bei Erwachsenen dazu, dass sie sich mächtig ins Zeug legen, wenn es darum geht, etwas, was eigentlich keinen Spaß macht, weiterzumachen. Und was hat das mit Lernen zu tun? Klar, ganz oft muss man durchhalten, immer wieder probieren, bis man die Aufgabe gelöst hat, bis man die Etüde auf der Geige oder der Gitarre oder auf dem Klavier endlich kann. Und Etüden sind so, wie sie heißen: langweilig. Deswegen ist es enorm wichtig, dass wir oft diesen Mechanismus gebrauchen: »Mensch, das hast du gut gemacht!« Und ganz wichtig ist auch hier: Das klappt nur, wenn man vorher entweder tatsächlich etwas gut gemacht hat oder wenn sich das Gutmachen auf etwas bezieht, von dem man zumindest so viel weiß, dass man es möglicherweise gerade jetzt gut gemacht haben könnte.

Wenn ich aber weiß, dass ich etwas schlecht gemacht habe, und jemand lobt mich über den grünen Klee, hat das Ganze nicht den geringsten Effekt. Im Gegenteil! Die Sache geht nach hinten los. Es kann nämlich sein, dass ich denke: Na ja, wenn der mich für alles lobt, dann brauche ich mir auch keine Mühe zu geben. Und was lerne ich dann? Mir keine Mühe zu geben. Es ist also schon viel Fingerspitzengefühl erforderlich aufseiten derer, die mit denen, die etwas lernen wollen, den Kindern in der Schule, zu tun haben. Einfach nur zu verkünden: »Lob ist gut«, ist völlig falsch. Einfach nur zu behaupten: »Externe Motivation ist außerordentlich wichtig, denn zunächst einmal muss der Unterricht eine Motivationsphase haben, erst danach kommt die Lernphase«, ist völliger Unfug. Arbeiten Sie mit dem, was da ist. Und es ist bei Kindern ganz viel da. Es werden dann kleine Korrekturen notwendig und gelegentlich ist das Schulterklopfen angebracht. Aber nur dann, wenn es auch gerechtfertigt ist.

Meilensteine der Entwicklung

Die ersten Schuljahre stellen für ein Kind einen enormen Entwicklungssprung dar. Jetzt wird es von der Gesellschaft systematisch in das Wissen, in die Kultur eingeführt. In diesem Alter nehmen, bedingt durch die Hirnreifung, die Gedächtnis- und die Konzentrationsfähigkeiten stark zu. Außerdem lässt sich das Kind nun nicht mehr so leicht ablenken wie früher. All dies ist Voraussetzung für das erfolgreiche Lernen in der Schule.

Lernen hat immer mit Erfahrung zu tun. Man sieht etwas, hört etwas. Diese Informationen müssen vom Gehirn verarbeitet werden. Dabei unterscheidet das Denkorgan zwischen Bekanntem und Unbekanntem. Fragt ein Kind beispielsweise: »Was machen Säugetiere in der Nacht?«, kann es zwei Antworten geben. Lautet die Antwort: »Tiere schlafen, wenn es finster ist«, entspricht das der Erwartungshaltung. Dadurch wird der bereits vorhandene Schaltkreis im Gehirn verstärkt. Das Wissen wird konsolidiert. Hört das Kind allerdings als Antwort: »Manche Säugetiere, wie beispielsweise Fledermäuse, jagen in der Nacht«, dann ist diese Information unerwartet. Die Antwort führt zu neuem Wissen und ein neuer Schaltkreis wird gebildet. Derart kann auch ein Fehler den Anlass für das Lernen geben.

LERNEN HEISST SYNAPSENBILDUNG UND KONNEKTIVITÄT

Eltern oder Lehrer sollten Fehler nicht einfach als Fehler abtun und korrigieren. Vielmehr sollte man erst einmal schauen: Wie kam es zu diesem Fehler, zu dieser Überraschung? Sicher kann man in dem Fehler auch etwas Positives sehen, das durch die Korrektur verstärkt wird: Es wurde etwas Neues gelernt. Lernen bedeutet nun beides. Es muss einerseits Bekanntes konsolidiert und andererseits Unbekanntes aufgenommen und neu in das Gebäude des Wissens eingebaut werden.

Doch wie ist es möglich, dass Lernen in dem Sinne stattfindet, dass Bekanntes verstärkt und Neues aufgenommen wird? Das Gehirn gibt uns dazu die Chance, denn es sind immer verschiedene Gehirnareale aktiv, die Lernen ermöglichen. Diese diversen Bereiche können nun mehr und mehr verbunden werden, sodass direkte Nervenverbindungen von einem Gehirnareal zum anderen entstehen. Von links nach rechts, von oben nach unten. Und diese Verbindungskabel, wenn man sie so nennen möchte, sind auch isoliert, damit die Stimulationen rasch weitergeleitet werden. So können die einzelnen Areale miteinander kommunizieren und miteinander arbeiten. Und sie verbinden sich stärker. Man spricht hier auch von Konnektivität. Folge dieser intensiven Verbindungstätigkeit sind vermehrte Assoziationen, auch die Erinnerungsfähigkeit nimmt zu.

Durch die Verkabelung kommt noch ein weiteres Phänomen hinzu. Wir haben ja gesehen, dass Lernen sehr viel mit der Bildung von Synapsen zu tun hat, also mit den direkten Verbindungen zwischen den Nervenzellen. Hierbei geht es nicht nur von einem Areal zum anderen, sondern ebenso von einer Nervenzelle zur nächsten. Diese Synapsen beginnen nun im Schulalter in gewissen Regionen abzunehmen. Das wird auch als Stutzen, als synaptisches Pruning bezeichnet. Früher haben hier die Synapsen zugenommen, und deshalb wird von einigen Wissenschaftlern angenommen, dass Schule Wissen womöglich zerstört oder überhaupt die Gehirnentwicklung stört. Wie auch immer, ein ganz entscheidender Prozess beim Lernen ist, dass die wesentlichen Verbindungen, die wir brauchen, verstärkt werden. Und die, die nicht länger benötigt werden und keine große Bedeutung mehr haben, werden abgebaut. Und so ist Lernen in diesem Alter einerseits ein Prozess der Abnahme von Synapsen und andererseits die Zunahme von Konnektivität.

IM DSCHUNGEL DER SYNAPSEN

Vielleicht kann man sich diese nicht ganz einfachen Zusammenhänge zwischen Konnektivität und Anzahl der Synapsen an dem schon erwähnten Elefantenbeispiel nochmals verdeutlichen. Brechen sich Elefanten einen Weg durch den Urwald, wird diese Spur bald wieder zuwachsen, einfach deshalb, weil sehr bald Neues auf ihr wächst und gedeiht. Laufen aber andere Elefanten den gleichen Pfad entlang, wird ein gebrauchsfähiger Trampelpfad ausgebildet. Ähnlich bahnen sich elektrische Impulse im Gehirn ihren Weg über synaptische Verbindungen zwischen den einzelnen Nervenzellen. Wird ein Impuls von einer Nervenzelle zur anderen weitergereicht, wird die Verbindung besser, genauso wie ein Elefantenpfad, der von mehreren benutzt wird.

Stellen Sie sich nun jedoch vor, der Urwald wuchert ohne Unterlass, sonst wäre es ja kein Urwald. Doch was passiert dann mit den nützlichen Spuren? Die gehen wieder verloren, denn die Pflanzen und Bäume sind auf Eroberungskurs. Das wollen wir eigentlich nicht, wenn wir an das Gehirn und an Lernprozesse denken. Was Hänschen gelernt hat, soll Hans noch können. Und damit das geschieht, hat sich das Gehirn eine clevere Konstruktion ausgedacht, bei der das Wuchern im Lauf der frühen Jugend abnimmt, und zwar in verschiedenen Gehirnbereichen unterschiedlich. Im Frontalhirn, wo die Kultur steckt, wenn sie überhaupt irgendwo explizit steckt und nicht im ganzen Gehirn, also im Frontalhirn ist bei einem Kind von acht, neun Jahren das meiste Synapsen-Wuchern zu beobachten. Hier entsteht, wenn man so will, die Möglichkeit, Spuren zu setzen, hier können Trampelpfade entstehen. Wäre das Gelände frei, gäbe es all dies nicht, etwa wenn es wie Beton aussähe, wie eine asphaltierte Straße.

Es braucht das Wuchern, das lebendige Wabern, sodass dann durch den Gebrauch zusätzliche Strukturen gebildet werden können. Das Wuchern ist nicht nur ein wildes Wuchern, sondern es fabriziert auch Muster, bestimmte Gedächtnisspuren. Und diese Gedächtnisspuren bleiben dann erhalten. Je komplexer sie sind, je kultureller, umso später entstehen sie. Bei Babys werden einfache, bei Schulkindern recht komplexe kulturelle Spuren ausgebildet.

Vor einiger Zeit konnten deutsche Wissenschaftler zeigen, dass diese Trampelpfade tatsächlich sehr früh angelegt werden und anschließend bestehen bleiben. Das heißt, wenn man Weiteres lernt, hat man die Pfade schon und kann sie sofort wiederverwenden. Die Neubildung vieler Synapsen, um wieder etwas Neues zu lernen, ist dann nicht mehr vonnöten. Die vormals angelegten Gedächtnisspuren sind, wenn man sie braucht, sofort reaktivierbar.

Nachgewiesen wurde das anhand unseres visuellen Systems, überhaupt hat man beim Sehen in der Vergangenheit recht viel herausgefunden. Mittlerweile kann man das Sehsystem von lebendigen Mäusen oder Ratten über Tage hinweg unter einem Mikroskop beobachten. Auf diese Weise gelang es, das Wuchern und Wegbrechen von neuen Sprossen und Trieben, sprich: von Synapsen, tatsächlich zu filmen. So kann man heute zuschauen, wie viel Neues gebildet wird, wenn ordentlich gelernt werden muss. Man kann aber auch beobachten, dass, sollte später das Gleiche noch einmal gelernt werden, nichts Neues mehr entstehen muss. Warum? Es ist schon existent. Trotzdem kann sehr schnell gelernt werden.

Motorische Schwingungen und die Schrift

Übertragen wir diesen einfachen Mechanismus auf andere Bereiche des Lernens. Das mag gewagt sein, aber andererseits: Hat jemand eine bessere Idee? Ich glaube, es gibt keine. Die menschliche Gehirnrinde wird auch Isokortex genannt – *isos* ist Griechisch und bedeutet »gleich« – und zwar deswegen, weil der Isokortex überall, völlig unabhängig davon, was er so alles macht, gleich aufgebaut ist. Wir haben also keinen Grund zu der Annahme, dass das, was unser Sehsystem macht, anderswo nicht auf ähnliche Weise stattfindet. Bemühen wir also einmal unsere Fantasie.

Beim Schreibenlernen geht es zunächst darum, dass man den Rhythmus, wie man zum Beispiel ein kleines L malt – auf und ab, auf und ab, auf und ab –, erst einmal flüssig beherrscht, ohne dass die Hand sich verkrampft, wenn sie den Stift hält. Erst dann, wenn dies gut klappt, kann man das L auch ein bisschen anders gestalten, ein bisschen kleiner, die Schlaufe so schmal, dass es eigentlich gar kein L mehr ist. Würde man noch einen Punkt draufsetzen, hätte man womöglich ein i. Man kann die Richtung dieser einfachen Schwünge verändern, sie auch gleichzeitig machen. So muss man auch nicht mehr jeden Buchstaben von unten aufbauen, man kann auch von links oben nach halb rechts unten gehen. Man macht Schwünge und setzt andere Schwünge noch obendrauf – und so entsteht die Schrift.

Und wir wissen: Gehen diese inneren Schwünge, die Schwingungen, die Oszillatoren, die motorische Prozesse steuern, verloren, zerstört man die Schrift. Wird das Schreiben also gelernt, geht es zunächst einmal darum, Spuren anzulegen für einfaches, gelingendes und, ja, spaßbehaftetes Schwingen. Später dann werden kompliziertere Schwünge draufgesetzt. Klappt das alles, stellt sich irgendwann eine ausgeschriebene, gute Handschrift ein. Dafür braucht man ziemlich viel Zeit. Denn ohne zu schreiben, lernt man nicht das Schreiben. So, wie man das Lesen vor allem durch Lesen lernt. Und das Rechnen durch Rechnen.

Natürlich kann ich rasch lernen, wie man addiert. Aber ich muss eine Menge addieren, damit es auch wirklich schnell funktioniert und ich mir nicht jedes Mal, wenn ich anfange, Zahlen zu addieren, die Regeln klarmachen muss und wieder bei null anfange. Beim Schreiben, Lesen und Rechnen geht es nicht darum, dass man ein Prinzip verstanden hat, sondern darum, dass es sich bei diesen Fähigkeiten um Kulturtechniken handelt. Es sind Techniken ähnlich wie die, die man beim Salto, beim Skilaufen oder beim Fußball anwendet. Man muss zwar auch die Prinzipien dahinter verstanden haben, aber bei den Techniken geht es darum, dass man sie anhand der Prinzipien häufig trainiert. So intensiv, dass man irgendwann gar nicht mehr darüber nachdenkt, wie eigentlich ein Y geschrieben wird. Nein, man macht es einfach. Wir denken ja auch nicht mehr darüber nach, wie viel 8 mal 8 ist. Wir haben gelernt, dass bei dieser Multiplikationsaufgabe 64 die richtige Antwort ist. Und wir überlegen nicht mehr, wie wir aus einzelnen Buchstaben Wörter formen. Wir wissen, dass wir beim Lesen mit den Augen nicht über den Text gleiten, sondern von Buchstabe zu Buchstabe springen. Dabei überspringen wir eine Menge Buchstaben, und trotzdem lesen wir den Text flüssig. Weil wir mit einem Blick weitaus mehr Informationen aufnehmen als nur die, dass wir es mit einem einzelnen Buchstaben zu tun haben. Das gelingt jedoch nur, wenn man es gut geübt hat, wenn man die Kulturtechniken also nicht nur kennt, sondern sie verinnerlicht hat. Und genau darum geht es in den ersten Schuljahren.

Meilensteine der Entwicklung

Übung macht den Meister, so lautet eine Redensart. Zwar kann explizites Wissen geradezu sprunghaft einsetzen, als Folge des Aha-

Effekts: »Ich hab's!« Implizites Wissen erlernt man aber nur durch langes Üben. Ein Beispiel verdeutlicht das: Ein Profigeiger hat schon im Alter von zehn Jahren rund 1000 Stunden Geige geübt. Als Teenager 4000 Stunden und mit 20 Jahren über 10 000 Stunden. Mäßig gute Streicher haben nur halb so viel Zeit mit ihrem Instrument zugebracht. Amateure nur ein Viertel der Zeit. Es ist also noch kein Meister vom Himmel gefallen.

MUSIK UND THEATER

Im Zusammenhang mit den Kulturtechniken, also Lesen, Schreiben und Rechnen, taucht immer wieder eine Frage auf: Hat das Musizieren einen positiven Effekt auf das Lernen? Das Gefühl, dass es so sein könnte, haben wir alle. Aber es ist sehr schwer, das tatsächlich nachzuweisen.

Eine der besten Studien dazu wurde 2004 von dem kanadischen Komponisten und Psychologieprofessor Glenn Schellenberg und seinem Team publiziert. Für diese suchten Schellenberg und seine Mitarbeiter per Zeitungsannonce Kinder, deren Eltern daran interessiert waren herauszufinden, ob Musik einen Effekt auf die Lernfähigkeit hat. Weitere Bedingungen: Die Kinder sollten im ersten Schuljahr sein, zu Hause sollte ein Klavier herumstehen, auf dem auch gespielt wurde, Eltern sollten selbst Freude am Klavierspiel haben. Dauer des Projekts: ein Jahr.

Deutlich wurde den Eltern auch gesagt, man würde nur Kinder aufnehmen, die bereit wären, sich in eine der vier Versuchsgruppen zu integrieren, wobei ein Losverfahren entscheiden würde, in welche sie kommen würden. Die ersten beiden Gruppen erhielten zum üblichen Schulunterricht intensiven Musikunterricht, und zwar entweder Klavier oder Singen. Die dritte Gruppe sollte in die Schauspielkunst eingewiesen werden, die vierte Gruppe bekam keinen speziellen Unterricht, bei ihr wurde der Standardlehrplan durchgeführt. Nach einem Jahr wollte man kontrollieren, welchen Effekt diese Maßnahmen auf die Kulturtechniken Lesen und Schreiben hatten. Das war nur möglich, weil man nicht schon im Vorfeld gewisse Kinder ausgewählt hatte, es keine besonderen Vorbedingungen gab und alles dem Zufall überlassen wurde.

Das Projekt brachte ein überraschendes Resultat, so hatte man es nicht unbedingt erwartet, jedenfalls nicht in allen Teilen. Die erste Gruppe, die ein Jahr lang Klavierunterricht hatte, war im Vergleich zu anderen Gruppen besser im Lesen und Rechnen. Die zweite Gruppe, die in Gesang unterrichtet worden war, schnitt beim Lesen und Schreiben ebenfalls besser ab als andere Gruppen. Die dritte Gruppe, die Schauspielgruppe, zeigte keine Verbesserung dieser Leistungen. Ähnlich wie die, die keinen Zusatzunterricht hatte. Aber das war nicht das Unerwartete. Das Unerwartete war, dass die Schüler der ersten Gruppe, also die mit dem Klavierunterricht, keine bessere Sozialkompetenz auswiesen als die Schüler, die zur Gesangsgruppe gehörten oder »nur« den üblichen Schulunterricht genossen hatten. Aber bei der Schauspielgruppe wurde ein deutlicher Zuwachs an Sozialkompetenz festgestellt. Was hieß: Lernen kann man nicht nur auf eine Art, es gibt mehrere Möglichkeiten. Wahrscheinlich wurde in der Schauspielgruppe die Sozialkompetenz verbessert, weil sich ihre Mitglieder in andere Menschen versetzen, sich mit anderen identifizieren mussten.

Was bedeutet das für die Schule? Die Schweiz ist ein kleines Land, es hat knapp sieben Millionen Einwohner, die sozialen Verhältnisse schwanken nicht zu sehr, doch es gibt deutliche Unterschiede, wenn man sich die Leistungen auf den Gebieten Lesen, Rechnen und Naturverständnis anschaut. In einigen Regionen der Ostschweiz sind die Leistungen offenkundig besser als in einigen Regionen der Westschweiz. Wie lässt sich das erklären? Die Gründe können wir noch nicht benennen, aber es existieren bestimmte Korrelationen. So ist eindeutig: Je mehr Schulstunden ein Fach zugeteilt bekommt, desto besser ist der Wissensstand, die Anwendung des Wissens. Das hat aber nicht nur mit Büffeln zu tun, sondern damit, dass die zusätzlichen Stunden dazu verwendet werden, besser zu verstehen, Zusammenhänge besser zu sehen. Dann folgt daraus auch eine bessere Anwendung des Wissens.

SCHULE DES LEBENS

Die PISA-Ergebnisse zeigten: Je mehr Jahre jemand im Kindergarten verbracht hat, desto besser ist er im Alter von 15 in der Schule. Aber keineswegs deshalb, weil er im Kindergarten schon den Zahlenraum von 1 bis 20 oder gar das Alphabet gemeistert hat. Nein. Das hat damit zu tun, dass im Kindergarten grundlegende Dinge gelernt wurden, etwa das Zuhören, ein Sich-Einfügen in die Gruppe oder das Stillsitzen. Man lernt auch, sich gegenüber der Gruppe zu behaupten, sich in bestimmten Situationen zurückzunehmen, und zwar im Wechsel, ohne beleidigt zu sein oder zu viel Stolz an den Tag zu legen. Man begreift, dass man ein Individuum ist, aber auch Teil der Gruppe.

Diese Kenntnisse sind äußerst wichtig, wenn man in die Schule kommt, bei der Einschulung sollte man sie schon verinnerlicht haben. Wenn man sie erst dann leidvoll erwirbt, ist das kein guter Start. Und genau aus diesem Grund ist es so entscheidend, dass man viele Stunden im Kindergarten verbringt, auch wenn es zunächst so aussieht, als würde man dort nur spielen, seine Zeit verspielen. Das ist aber nicht der Fall, wie ich inzwischen hoffentlich gezeigt habe. Vom Kindergarten kann Schule unglaublich viel lernen, und keineswegs sollte Kindergarten allzu viel von der Schule lernen. Das wäre ungünstig. Aber die Grundschule kann eine Menge vom Kindergarten lernen. Zum Beispiel, dass Lernen Spaß macht, dass Lernen im Spiel immer gut funktioniert und dass man dann auch sehr schnell sehr weit kommt.

Ein Beispiel: Welche Spuren müssen Schulkinder gerade in der Grundschule anlegen, um später auch im Beruf weiterzukommen?

Emotionale Reaktionen. Wie gehe ich damit um, wenn ein anderer mich anschreit oder heruntermacht, wenn ich peinlich berührt bin oder verliebt? Oder wenn die Liebe nicht erwidert wird? Es geht hierbei um all die Probleme, die heute und auch schon vor 100 000 Jahren jeden beschäftigt haben. Eine Möglichkeit ist – ich habe gerade darauf hingewiesen –, Theater zu spielen. Dabei spiele ich bestimmte Handlungen in sozialen Kontexten, die immer wieder vorkommen, die sich auch zuspitzen lassen. Theaterstücke, wie sie Shakespeare geschrieben hat, sind dafür ideal, denn er hat Menschen genau beobachtet und herausgefunden, was sie so alles miteinander anstellen. Wir lachen über seine Personen, weinen mit ihnen, überhaupt sind wir genauso begeistert von seinen Stücken wie das damalige Publikum. Vielleicht mit dem kleinen Unterschied, dass man damals in Kneipen gespielt und noch jeder zugehört hat.

Wie auch immer, es geht mir nicht darum, dass Kinder jetzt ins Theater geschleppt werden. Es geht mir darum, dass Kinder Theater spielen und sie dadurch alles Mögliche erlernen, was sie später einmal gebrauchen können: Reaktionen, Emotionen, soziale Strategien. Wenn sie dieses Repertoire an verschiedenen Verhaltensweisen in einer Zeit »durchspielen«, wo noch viele Synapsen wuchern und viele Spuren im Urwald angelegt werden, sind sie schon da, wenn man sie braucht. Dann kann man auf sie zurückgreifen. Deswegen ist das Theaterspielen nicht etwas, das man später auch noch machen kann oder höchstens am letzten Tag vor den Ferien, wenn sowieso keiner mehr Unterricht macht.

Ich bin der Meinung, dass eine Aktivität wie das Theaterspielen in die Schule gehört, nicht anders wie der Sport oder das Musizieren. Das Theaterspielen ist wichtig für die Entwicklung dessen, was wir Persönlichkeit nennen, und damit für eine runde Ausbildung. Das wäre auch der Auftrag von Schule, wenn sie nicht will, dass die Kinder bloß irgendwelche Fakten eingetrichtert bekommen, die sowieso niemanden interessieren.

Meilensteine der Entwicklung

Wer bessere Leistungen erzielen will, muss nicht für mehr Schulstunden eintreten, muss nicht dafür sorgen, dass Kinder möglichst viel büffeln sollten. Wie immer im Leben geht es um das richtige Maß. Generell gilt: Ist eine Aufgabe zu einfach, verspürt ein Kind wenig Anreiz, sie zu lösen. Ist die Aufgabe hingegen zu schwer, kann der Leistungsdruck zu groß werden und das Kind gerät in Stress. Studien haben gezeigt, dass die Lernfähigkeit mit dem Cortisol im Körper einhergeht. Ein zu geringer Anreiz ist gleichbedeutend mit einem niedrigen Wert des Stresshormons. Ein hoher Cortisolwert hingegen ist ein Zeichen von Stress und korreliert mit einer eingeschränkten Lernfähigkeit. Nur ein mittlerer Wert führt zu dem Gefühl der Herausforderung und zu guten Lernerfolgen.

SOZIALES DENKEN LERNEN

Wie entwickelt sich nun beim Kind das soziale Denken, das Wissen und das Fühlen? Entscheidend ist, dass Wissen und Gefühle nicht zwei völlig verschiedene Fähigkeiten beziehungsweise Leistungen sind, sondern zwei Aspekte des Gleichen. Es gibt kein Wissen ohne Gefühle. Es gibt keine Gefühle ohne Wissen. Obwohl im Gehirn Wissens- und Gefühlssysteme teilweise getrennt sind, so sind sie aber durch sehr viele Bahnen miteinander verbunden. Und besonders im Alter zwischen sieben und acht nimmt die Verbindung dieser beiden Hauptgebiete deutlich zu. In enger Zusammenarbeit tragen sie dazu bei, dass ein Mensch seine Gefühle besser kennenlernt und auch besser sein Gewissen ausbalancieren kann. Dazu kommt, dass das Temperament eines Menschen mehr und mehr von dieser Verbindung von Wissen und Fühlen bestimmt wird. Beim Lernen zeigt sich das ganz klar: Je nach Temperament ist ein Kind mehr oder weniger interessiert an einer Frage, hat mehr oder weniger Ausdauer, eine Frage zu verfolgen oder eine Tätigkeit zu lernen, braucht mehr oder weniger Zuneigung für seine Aktivitäten und ist eher optimistisch oder pessimistisch. Hierbei spielen recht viele Prozesse eine Rolle, darunter auch biologische. Natürlich können Erfahrungen das Temperament modulieren und einen Effekt auf dieses haben. Aber das Temperament eines Menschen begleitet ihn.

Schauen wir uns das einmal etwas näher an. Wie entwickelt zum Beispiel ein Kind die Fähigkeit, sich in andere Menschen hineinzudenken? Es ist eine große Leistung, nicht nur an sich zu denken, sondern wirklich verstehen zu wollen, was andere empfinden oder denken könnten, Empathie genannt. Sieht ein Kind mit etwa sechs Jahren ein anderes Kind, das offenbar Schmerzen hat, wird es versuchen, dieses Kind zu trösten. Es wird die schmerzende Stelle streicheln. Es kann nachvollziehen, dass dieses Kind Schmerzen hat, und möchte diese lindern. Zwischen acht und zehn Jahren realisiert es, dass nicht jedes Kind, das schweigsam ist und traurig in die Welt schaut, unbedingt getröstet werden möchte, sondern vielleicht lieber allein gelassen werden möchte. Und dann wird es dieses Kind auch allein lassen. Ein achtjähriges Kind hat ein höheres Verständnis für das andere Kind entwickelt, und entsprechend wird es sich auch so verhalten.

Noch später, zwischen zehn und zwölf Jahren, kann es diese Empathie gegenüber einem anderen Menschen auch auf eine Gruppe ausdehnen. Es zeigt Verständnis für Menschen, die gelähmt sind, die blind oder taub sind. Es hat nun die Fähigkeit, sich nicht nur in einzelne Menschen hineinzudenken, sondern allgemein in Menschen, die mit bestimmten Schwierigkeiten zu kämpfen haben. So auch für Menschen, die in der Sahara leben und kein Wasser haben, die arm sind, die nicht genügend zu essen haben. Das ist eine weitere höhere Stufe von Empathie. Und hierbei ist ein wirklich sehr interessantes allgemeines Prinzip auszumachen: Die Entwicklung eines Kindes, eines Menschen ist nicht eine Linie, die von unten nach oben geradlinig verläuft. Vielmehr ist es eine aufsteigende Spirale, die wieder zurückkommt, sich immer wiederholt, aber nicht auf gleicher Ebene, sondern auf einer höheren.

Das Gefühl für andere Menschen entwickelt sich schon früh, aber hinzu kommt als Folge des Spiralsystems das kognitive Erfassen, nämlich dass ein anderer Mensch völlig anders fühlen kann, als man selbst fühlen würde. Und wieder auf einer höheren Stufe, dass ganze Gruppen von Menschen, also Nationen, Probleme haben, die man selbst nicht hat, aber in die man sich dennoch hineindenken kann.

Fairness bei jüngeren und älteren Kindern

Ein weiteres Beispiel ist die Entwicklung des Fairness-Verhaltens eines Kindes, also das Gefühl von Gerechtigkeit. Eine Studie dazu wurde mit Kindern gemacht, die zusammen Bastelarbeiten herstellten, die auf einem Weihnachtsbasar verkauft wurden. Das so eingenommene Geld warf die Frage auf: Wie soll es unter den Kindern verteilt werden? Wer bekommt wie viel? Das Ergebnis war interessant. Die fünf- bis siebenjährigen Kinder erklärten, alle sollten das Gleiche erhalten, denn alle haben ja daran gearbeitet. Die Zehnjährigen urteilten jedoch ganz anders. Sie meinten, man müsse berücksichtigen, wie hoch der jeweilige Einsatz gewesen sei, diese Arbeiten zu machen, und entsprechend nach der Höhe des Einsatzes sollte die Entlohnung erfolgen. Das heißt, im höheren Kindesalter kam noch eine weitere Komponente zur gerechten Beurteilung hinzu, nämlich die höhere Stufe der zuvor erwähnten Spirale.

Ein weiteres Beispiel betraf bei dieser Untersuchung die Entwicklung sozialen Denkens. Gefragt wurde: »Wozu haben wir eigentlich Gesetze? Warum brauchen wir überhaupt Gesetze? Wozu sind sie da?« Die Antworten der Sechsjährigen liefen darauf hinaus: »Wir brauchen Gesetze, damit nicht einer einen Kaugummi kauen darf und ein anderer nicht. Also muss es Gesetze geben, damit alle Menschen gleich behandelt werden.« Diese Haltung beruhte auf persönlichen, konkreten Erlebnissen.

Bei Kindern im Alter zwischen acht und zehn Jahren sieht es anders aus. Sie sagten: »Wir brauchen Gesetze, damit man weiß, was man darf und was man nicht darf.« Es wird also etwas abstrakter. Wichtig wird die Frage nach Ordnung und Zuordnung, und um das zu klären, braucht es Gesetze. Bei Zehn- bis Zwölfjährigen wird eine weitere höhere Stufe erkennbar. Sie erwiderten: »Wir brauchen Gesetze, damit eine Gesellschaft funktioniert. Damit alle

Menschen, so verschieden sie auch sind, in einer Gesellschaft leben können.« Die soziale, emotionale Denkweise entwickelt sich also von der sehr persönlichen, konkreten Ebene auf eine mehr abstrakte und allgemeine Ebene in höheren Jahren.

KINDER BRAUCHEN VIELE ANSPRECHPARTNER

»Es braucht ein ganzes Dorf, um ein Kind zu erziehen«, so lautet ein afrikanisches Sprichwort. Die ehemalige First Lady, Hillary Clinton, hat darüber ein Buch geschrieben. Eigentlich wissen auch Sie es: Kinder brauchen Ansprechpartner. Das sind zunächst die Mutter, der Vater. Später erweitert sich der Kreis der Ansprechpartner. Gute Erzieher im Kindergarten können vieles, was auch die Mutter kann. Und umgekehrt kann die Mutter auch vieles, wenn gerade keine Erzieher da sind. In der Schule kommen die Lehrer und Lehrerinnen dazu und vor allem die anderen Schüler. Weitere Ansprechpartner finden sich in Vereinen, Freundschaften außerhalb der Schule werden geschlossen, Mentoren werden wichtig, eben das ganze »Dorf«.

Wichtig ist, dass das Kind in einem komplexen Beziehungsgeflecht aufwächst, dass es sich selbst Modelle für sein eigenes Tun und Handeln sucht. Dass es so wie der oder wie jene werden möchte, diese Person nachmacht. Die Idole in den Medien spielen dabei auch eine Rolle. Doch gelernt wird letztlich durch den zwischenmenschlichen Kontakt, er ist durch Vorbilder in den Medien nicht zu ersetzen. Weder bei kleinen Kindern noch bei Erwachsenen. Das haben auch Studien gezeigt.

Wann sind Kinder begeistert?

Wann hängen wir uns nun richtig ins Zeug? Wenn wir den Lehrer oder die Lehrerin mögen. Oder die Mutter mögen. Und Kinder mögen meistens die Eltern, weshalb Eltern erst einmal super Lehrer sind. Aber eine gute Beziehung reicht nicht aus. Es braucht auch Inhalte. Und der richtige Lehrer hat beides drauf, wird also die Frage »Unterrichten Sie Kinder oder Mathematik?« entrüstet zurückweisen. Er unterrichtet beides. Und nur dann wird es auch funktionieren. Kann er Begeisterung für eine Sache wecken, werden auch die Kinder begeistert sein. Nicht vergessen werden sollte, dass eine berufstätige Mutter ihr zehn- oder zwölfjähriges Kind für viele Dinge auf eine ganz andere Art begeistern kann als eine Mutter, die keinen Beruf ausübt.

Es existiert viel Raum für einen kreativen Umgang innerhalb der Familie. Weil sich Gesellschaft dauernd ändert, müssen wir uns auch permanent ändern. Dabei dürfen wir aber nicht unsere Ziele aus den Augen verlieren. Was wollen wir? Wir wollen wohl kaum aus einem Kind einen Millionär machen, einen Preisboxer oder vielleicht jemanden, der sich im nächsten *Dschungelcamp* gegenüber anderen am besten medial präsentiert. Zunächst einmal wollen wir doch ein glückliches Kind. Und ein glückliches Kind ist eines, das sich selbst verwirklicht. Das das, was in ihm steckt, aus sich herausholt. Und dazu dient die Zeit zwischen sieben und zwölf Jahren ganz wesentlich. Der Zwölfjährige weiß schon ganz gut, was in ihm steckt und was er alles tun kann. Dabei müssen wir ihm helfen, dabei müssen wir jedes Schulkind von Anfang an unterstützen. Es geht nicht um Fakten. Es geht um die Person.

ÜBER DIE AUTOREN

Prof. Dr. Dr. Manfred Spitzer, geboren 1958, leitet die Psychiatrische Universitätsklinik in Ulm und das Transferzentrum für Neurowissenschaften und Lernen. Er ist Autor zahlreicher Bücher, darunter befinden sich auch die Bestseller *Lernen* und *Vorsicht Bildschirm!* sowie *Digitale Demenz.* Fast zehn Jahre moderierte er die wöchentliche Sendereihe *Geist & Gehirn* auf Bayern Alpha. Manfred Spitzer ist einer der bedeutendsten Gehirnforscher Deutschlands. Er versteht es wie niemand sonst, wissenschaftliche Erkenntnisse anschaulich und dennoch fundiert zu vermitteln.

Prof. Dr. Norbert Herschkowitz war Kinderarzt, Hirnforscher und renommierter Buchautor. Er leitete 25 Jahre lang die Abteilung für Entwicklung und Entwicklungsstörungen an der Universitäts-Kinderklinik in Bern. Zudem war er Mitbegründer der Schweizerischen Hirnliga. Er verstarb im Juli 2019.